DU
COMMERCE

ET

DE LA COMPAGNIE

DES INDES.

Par D U P O N T, *des Sociétés Royales d'Agriculture de Soissons, d'Orléans, & de Limoges, Correspondant de la Société d'Emulation de Londres.*

SECONDE ÉDITION.

. . . . *Donec deceptus & exspes,*
Nequicquàm fundo suspiret nummus in imo.

PERSE.

A AMSTERDAM,
Et se trouve A PARIS,

Chez { DELALAIN, Libraire, rue & à côté de la
Comédie Française.
LACOMBE, Libraire, rue Christine.

OCTOBRE 1769.

PRÉFACE.

LES progrès de la Science de l'écono‑
mie politique auraient été beaucoup plus
rapides, si toutes les entreprises qui ont
été faites contradictoirement à ses loix,
si tous les priviléges exclusifs par les‑
quels on a violé les droits de la Société,
avaient été aussi visiblement nuisibles
aux particuliers mêmes qui comptaient
en retirer du profit, que le privilége ex‑
clusif & l'entreprise du Commerce de
l'Inde, l'ont été à la Compagnie, que
l'on a en France gratifiée de l'un, &
chargée de l'autre. La situation où cette
Compagnie est réduite, & les pertes
qu'elle a occasionnées à la Nation, font
du moins un grand exemple des dangers
auxquels s'expose un Etat qui préfère
les gains apparents du monopole aux
avantages réels de la concurrence ; &
les combinaisons étroites d'une politique

A ij

mercantile, exclusive & jalouse, aux simples & saintes Loix de la justice qui ne permettent pas que *sous aucun pré- texte* d'utilité, on prive *aucun* Citoyen, ni même *aucun* homme, de l'usage, en soi-même licite, de ses facultés natu- relles ou acquises.

Les faits d'où résulte cet exemple ne sont plus un mystère. On sait que le Gouvernement a pris un parti provi- soire d'après leur connaissance. On sait que l'exercice du privilége exclusif de la Compagnie des Indes a été *suspendu* par un *Arrêt du Conseil*, donné à Com- piegne le 13 Août. On sait que le Gou- vernement a exposé dans cet Arrêt qu'il était convaincu de la nécessité de don- ner la liberté au Commerce de l'Inde, auquel il paraît qu'elle ne peut être qu'avantageuse, comme à tout autre (1).

_____

(1) Voyez l'article I. le commencement du III. & le VII.).

On fait que cet Arrêt déclarait *cependant* que les Négociants qui voudraient avoir des paffeports pour commercer dans toutes les mers, au-delà du Cap de Bonne-Efpérance, feraient tenus de préfenter des Mémoires, qui devraient être renvoyés aux Députés du Commerce, lefquels prendraient s'ils le jugeaient à propos des inftructions & des renfeignements dans les Ports, avant de donner leur avis, d'après lequel avis les paffe-ports feraient expédiés (2). On fait que cet Arrêt ordonne que ces Négociants ne pourront faire leurs retours que dans le Port de l'Orient; que s'ils font obligés de relâcher ailleurs, ils ne pourront y débarquer leurs marchandifes; que fi le mauvais état des vaiffeaux forçait de les décharger, on fera tenu de dépofer la cargaifon dans un magafin, *fous la garde des Commis des*

-----

(2) Art. IV.

A iij

Fermes, & de la faire reconduire à l'O-
rient *sous acquit à caution* (3). On sait
qu'un second Arrêt du Conseil du *six
Septembre*, a supprimé très sagement les
formalités prescrites par l'article I V de
celui du 13 Août, pour la délivrance
des passe ports aux Négociants qui voudront faire le commerce de l'Inde ; &
qu'il ordonne que ces passeports soient
accordés sans frais & sans délai à tous
ceux qui les demanderont (4). On sait
aussi que ce second Arrêt laisse subsister
la gêne du retour au Port de l'Orient (5);
qu'il soumet les marchandises de l'Inde
& de la Chine à un droit d'*indult* de
cinq pour cent de leur valeur en France,
& celles des Isles de France & de Bourbon à un droit seulement de *trois pour
cent* (6) ; qu'il conserve les prohibitions

(3) Article V.
(4) Article I.
(5) Article III.
(6) Article IX.

établies fur plufieurs marchandifes de l'Inde; qu'il exige que ces marchandifes ainfi que les toiles peintes, toiles de coton, mouffelines, mouchoirs & bafins, ne foient tranfportées, ni à l'étranger, ni au Port de Nantes, que par mer (7); qu'il accorde à la Ville de Nantes comme à celle de l'Orient, le droit d'entrepôt pour fix mois, mais fous la condition que les marchandifes feront d'abord conduites & déclarées à l'Orient avant d'être reportées à Nantes (8); & que les magafins feront fermés de deux clefs, dont l'une reftera entre les mains des Prépofés des Armateurs ou de leurs Commiffionnaires, & l'autre dans celles des Commis des Fermes, lefquels pourront faire, pendant le cours de l'entrepôt, telles vifites qu'ils jugeront convenables (9).

---

(7) Articles V & VII.
(8) Articles III & VII.
(9) Articles IV & VIII.

A iv

Indépendamment de ces réfolutions prifes, fans doute *provifoirement*, par le miniftere, & qui annoncent qu'il s'eft cru dans la néceffité de changer la forme à laquelle le Commerce des Indes avait été affujetti; on fait qu'il a paru depuis deux mois un grand nombre d'Ouvrages fort intéreffants, qui ont fait connaître au Public la fituation où fe trouve la Compagnie qui a été jufqu'à préfent chargée de ce Commerce, & toutes les pièces juftificatives qui conftatent cette fituation. M. *l'Abbé* MORELLET a établi dans un premier Mémoire, que les Actionnaires de la Compagnie des Indes n'ont pas intérêt de continuer l'exercice de leur privilége exclufif; que quand ils auraient cet intérêt, ils n'ont pas le pouvoir d'en fuivre les confeils; & que quand ils réuniraient cet intérêt & ce pouvoir, l'intérêt de l'Etat s'oppofe à ce que leur privilège excluff fubffte. Quoique foutenues avec une logique très claire & très vigoureufe, appuyées de beaucoup de pieces juftificatives inattaquables, étayées d'un Mémoire compofé en 1755, par le fage M. DE GOURNAY, & dans lequel on admire le génie éclairé & le zéle pour la liberté qui ont toujours animé cet *illuftre* INTENDANT *du Commerce,* ces propofitions ont attiré une foule d'Adverfaires à M, l'*Abbé* MORELLET. Et il nous a paru que ces Adverfaires avaient fort bien confirmé les principales vérités qu'il expofe.

Si l'on avait quelque chofe à lui reprocher, ce ferait peut-être de ce que le zèle louable qui fait chérir aux ames éclairées & honnêtes la caufe de la liberté, & le patriotifme qui regrette les pertes que la Nation a effuyées pour l'entreprife du Commerce de l'Inde, l'ont animé d'une maniere fi vive, que, trouvant enfuite fur fon chemin une Compagnie en poffeffion du privilege

exclufif de ce Commerce, il s'eft laiffé
entrainer, *dans fon premier Ouvrage*, à
confidérer un peu trop cette Compagnie
comme *un Corps* qui fe ferait conduit lui-
même, & auquel on pourrait imputer
perfonnellement toutes fes fautes & tous
fes malheurs. Mais ceux qui l'ont défen-
due, ont de leur côté beaucoup trop adopté cette idée. Ils fe font crus inculpés perfonnellement. Ils ont voulu être *Corps*
en effet, & par *efprit de Corps*, juftifier
à toute force, & même avec une aigreur
très condamnable, mille chofes auxquelles ils n'avaient point de part. Quoiqu'ils
ne fuffent au fond que des rentiers,
ils ont combattu avec animofité pour
l'honneur d'un Commerce, qu'ils n'a-
vaient *réellement* pas *fait*, mais auquel
ils avaient feulement prêté leur nom &
leur argent.

Dans le nombre de fes contradicteurs,
M. l'*Abbé* MORELLET a choifi celui dont
la Réponfe a été adoptée par les Ac-

tionnaires de la Compagnie des Indes ;
& dans l'*examen* de cette Réponse, (qui
mérite en effet, par la beauté de son
style & par l'art avec lequel elle est
conçue, la distinction que la Compagnie des Indes lui a donnée en la
faisant imprimer d'après une Délibération authentique) il a fait voir qu'elle
ne détruit & même ne combat sérieusement aucune des vérités essentielles établies dans son Mémoire, & qu'elle se
borne à des remarques de peu d'importance, à des assertions vagues & quelquefois contradictoires, & sur-tout à
des reproches sur le *procédé*, par rapport auquel même il paraît se justifier
d'une maniere fort satisfaisante. Ce
second Ouvrage lui a donné l'occasion de développer & de démontrer encore les avantages attachés aux Principes de liberté qu'il avait exposés dans
le premier, & de présenter plusieurs
morceaux intéressants pour l'Histoire

des Compagnies exclufives. Mais ce
qu'on y remarque le plus eft la douleur
d'un homme de bien, qui voit qu'on n'a
pas rendu juftice à fon zèle, & que la
droiture de fes intentions ne l'a pas pré-
fervé d'effuyer des imputations dures
& facheufes ; & qui fe trouve ainfi réduit à *ne pas fe repentir* d'un travail utile
en lui-même, dont il comptait avoir à
fe *feliciter.* En effet, M. l'*Abbé* Morellet a éprouvé dans cette affaire, que
» *la vérité trop fouvent eft cruelle* pour
» ceux qui la difent ; & que les enne-
» mis qu'ils fe font, font fouvent ceux-là
» mêmes à qui la connaiffance de cette
» vérité apporterait plus d'avantages ».
Ce font fes expreffions ; & l'on voit,
avec fenfibilité, que la trifte expérience
qui les a dictées, l'a pénétré jufqu'au
fond du cœur.

Des Ecrivains acharnés au combat lui
ont tenu peu de compte de cette difpo-
fition. Les Brochures contre lui fe fuc-

cèdent chaque jour. Chaque jour elles
apportent de nouvelles preuves des faits
qu'il a rendus publics ; & cependant les
mal entendus se multiplient par l'effet
de la chaleur qui anime les contendants:
chaleur toujours si nuisible à l'examen
de toute question.

De sorte que pour juger aujourd'hui
cette question, & même pour essayer d'a-
nalyser les choses importantes qu'on lit
dans les sept ou huit principaux Ouvrages qui, dans ces derniers tems ont traité
du privilege & de la situation de la Compagnie des Indes, il faut commencer par
s'assurer que l'on est absolument de sang-
froid. Il faut écarter entierement de soi
tout ce qui tient à l'inquiétude, que doivent inspirer assez naturellement à beaucoup de gens, sur-tout dans la Capitale,
des affaires qui y touchent de près un aussi grand nombre de particuliers que celles
de la Compagnie des Indes. Il faut n'avoir
pas le moindre intérêt à l'existence du pri-

vilège exclusif de cette Compagnie. Il faut
n'être à aucun égard dans le cas de profiter de sa dissolution. Il faut ne tenir ni à
aucun des individus dont elle est composée, & qui croyent mal à propos être
attaqués quand on examine ce qui est
relatif à un privilege exclusif, qui ne
leur a jamais été, & qui peut moins
que jamais leur être profitable ; ni a
l'Administration qui a influé sur leur
sort, & qui en ayant déja décidé plusieurs fois, peut avoir un parti pris, &
déterminé par des vues politiques, autant que par de pures observations philo-
sophiques. Il faut enfin pouvoir se dire
comme Tacite : *Indè consilium mihi,*
pauca tradere : sine irâ & studio, quorum
causas procul habeo.

C'est parceque je me trouve exactement dans ces circonstances, c'est parceque je sens & reconnois en moi ces
dispositions, que j'ose entreprendre
de traiter encore cette matiere après

tant de gens d'efprit & de mérite, dont
la plupart au moins n'ont pas été, en
écrivant, dans une fituation auffi heu-
reufe. Il me femble qu'en réfumant
avec attention les faits expofés, a-
voués & difcutés dans les principaux
Mémoires qui ont été rendus publics,
il eft facile de fe former une idée affez nette de l'Hiftoire de la Compagnie des Indes; de la manière dont
elle a toujours exercé fon Commerce;
de ce que ce Commerce a couté à la
Nation; de l'inutilité des facrifices que
celle-ci a faits pour le foutenir; de l'inconvénient qu'il y aurait à en faire de
plus grands, & de l'impoffibilité où la
Compagnie ferait de prolönger fes opérations & de retarder fa ruine, fans qu'on
en fit cependant d'exceffifs. C'eft cette
idée que je me propofe d'offrir très
fuccintement à mes Lecteurs dans la
feconde Partie de ce petit Ouvrage.

La première fera confacrée à un objet

qui, dans le moment actuel, me pâ-
roit plus important, & qui n'a été traité
par aucun des Auteurs qui m'ont de-
vancé dans cette carriere. On a fort fuf-
fifamment examiné, s'il valait mieux
faire le Commerce de l'Inde, par une
Compagnie excluſive, ou ſi l'on devait
laiſſer à toutes Compagnies grandes ou
petites, & même à tous les Négociants
particuliers, la liberté d'employer leur
intelligence, leur concurrence & leurs
efforts à diminuer les frais de ce Commerce. Sur ce point, les voix ſemblent
s'être réunies pour adopter les concluſions de M. l'*Abbé* MORELLET, en faveur de la *liberté*. C'eſt du moins le vœu
exprimé par le Gouvernement, par les
Cours Souveraines, par les Députés du
Commerce, par la majeure & la plus
ſaine partie du Public. Mais ce qu'on n'a
pas mis en queſtion, eſt de ſavoir ſi ce
Commerce en lui-même eſt bon à faire,
à exciter, & à encourager ? Et quels
avantages

avantages ou quelles pertes on en doit attendre felon les différentes formes qu'il peut prendre , & dont il eſt ſuſceptible ? Ce ſont ces queſtions que j'eſſayerai de diſcuter le plus briévement qu'il me ſera poſſible dans la premiere Partie de cet Ecrit , & d'après quelques Obſervations fort ſimples ſur la nature du Commerce de l'Inde.

Ces obſervations qui me paraiſſent déciſives , demanderont des développements , & ameneront des calculs , qui pourraient ennuyer les Perſonnes dont la curioſité n'eſt excitée que par l'envie de parcourir l'Hiſtoire de la Compagnie des Indes. Il dépend abſolument de ces Perſonnes de paſſer tout de ſuite à cette Hiſtoire. Mais celles qui voudront enviſager plus facilement tous les rapports des faits qu'elle préſente & en évaluer à meſure les conféquences , pourront lire la premiere Partie avec intérêt , malgré la féchereſſe du ſujet.

B

Je n'ai pu vaincre cette féchereffe in-
féparable des difcuffions du genre de
celles qui vont nous occuper. Peut-être
même aurais-je mal fait de le tenter.
Le feul mérite auquel doivent prétendre des principes & des calculs, c'eft
d'être fondés fur la vérité, clairs, & con-
cluants. Les narrrations permettent plus
de rapidité ; elles font plus agréables à
lire & à écrire. Elles peuvent s'animer
comme la nature & prendre fon coloris.
Mais avant de fonger aux couleurs, il
faut connaître le fond de l'objet fur lequel on les peut employer. Il faut avoir
étudié le fquelette. C'eft cette étude
que je n'ai pas pu m'épargner ; que mes
Lecteurs s'épargneront, s'il leur plaît de
s'en rapporter aux réfultats de mes calculs ; & qu'ils ne s'épargneront point s'ils
ont envie de me juger moi-même, avec
la même impartialité & la même févérité
que je crois devoir apporter à l'examen
de la nature du Commerce de l'Inde.

DU COMMERCE
ET DE LA COMPAGNIE
DES INDES.

PREMIERE PARTIE.

DE LA NATURE DU COMMERCE DE L'INDE.

CHAPITRE PREMIER.

Objet particulier de cet Ecrit. Division du sujet. Idée générale des Chapitres suivants.

IL me semble que ce n'est pas tant relativement à l'Europe en général que je

B ij

dois me proposer de discuter les effets attachés à la nature du Commerce de l'Inde, que par rapport à la France en particulier. Les circonstances paraissent me prescrire la Loi de borner ici mes réflexions à l'utilité & aux inconvéniens que ce Commerce peut avoir pour ma Patrie. Ce que je me verrai forcé d'en dire suffira peut-être pour les Lecteurs mêmes qui désireroient des résultats plus étendus.

L'Inde étant une fois *connue*, & ses productions ainsi que ses marchandises *reconnues* pour propres à nous procurer des jouissances, il serait absurde & injuste de nous en interdire l'usage. Toute loi prohibitive est mauvaise, parceque toute loi prohibitive viole le droit que tous les hommes ont à se procurer des jouissances, & à rendre leur sort le meilleur possible, sans usurper sur la liberté & la propriété d'autrui.

Mais ce Commerce, que l'on ne doit

pas nous interdire, nous pouvons le faire *immédiatement* par le moyen des Négociants régnicoles, qui formeront une ou plusieurs Compagnies françaises, ou *médiatement* par le moyen des Négociants étrangers. C'est entre ces deux manières que nous avons à choisir, & c'est sur ce choix que *la nature du Commerce de l'Inde* doit nous éclairer; il faut donc le considérer dans l'un & dans l'autre cas. C'est ce que nous ferons en employant à chaque aspect particulier un seul Chapitre, qui sera encore sous-divisé en *paragraphes très courts.*

CHAPITRE II.

Des Avances que le Commerce de l'Inde exige.

§. PREMIER.

Deux especes d'avances.

LES avances du Commerce de l'Inde, comme celles de tout autre Commerce, font de deux especes.

La premiere, qu'on peut regarder comme des *avances primitives*, renferme le fond d'effets mobiliers & immobiliers qui doivent toujours être entretenus au service du Commerce ; magasins, instruments, vaisseaux, machines, &c. Dans le Commerce de l'Inde, cette partie des avances paraît encore groffie par la nécessité de fonder des Colonies, de bâtir des Villes, d'élever des Forts, de les munir d'artillerie, &c.

La seconde espece, qui peut être

nommée *avances annuelles*, est composée
des fonds circulants dans le Commerce,
& qui servent perpétuellement à payer
les marchandises qu'on achette, les frais
courants, les salaires des gens qu'on
employe, &c. Dans le Commerce de
l'Inde, cet article est encore augmenté
par l'entretien d'une Puissance civile &
militaire, pour administrer & défendre
les établissements qu'il exige.

Ces dépenses pour la construction
des villes, des Ports, des chemins, &
pour l'entretien de l'Administration civile & de la force militaire, dans les
établissements de l'Inde, ont été appel-
lées, par les antagonistes de M. l'*Abbé*
MORELLET, *dépenses de souveraineté*.
Elles peuvent être payées par une Compagnie commerçante, ou par les Entrepreneurs mêmes du Commerce de l'Inde, comme elles l'ont été jusqu'à présent. Elles peuvent l'être par le Gouvernement, comme il parait qu'elles le se-

ront à l'avenir. Mais dans l'un & dans l'autre cas, elles sont des charges nécessaires de l'entreprise *immédiate* du Commerce de l'Inde, & il faut également faire entrer leur estimation dans le compte des *Capitaux* que la Nation, qui entreprend *elle - même* ce commerce, doit *avancer* pour l'établir & pour le soutenir.

§. I I.

Estimation des Capitaux qu'exigent les diverses avances du Commerce de l'Inde, par la Nation Française.

Il ne s'agit pas de calculer ici les avances que le commerce de l'Inde a réellemént couté à la Nation. Il n'est que trop vrai que ce Commerce a consumé un capital immense ; mais le détail de ce fait appartient à notre seconde partie. Ce qui importe à connaître actuellement est la valeur des Capitaux

qu'il faudrait employer, pour continuer le Commerce de l'Inde *directement*. La Compagnie poſſede aujour-
d'hui environ *dix - huit millions* de *richeſſes d'exploitation* au ſervice du Commerce, comme on peut le voir par les
états de ſituation qui ſe trouvent dans
le Mémoire de M. l'*Abbé* MORELLET,
pages 51 & 54, & dans celui qu'a publié
M. *le Comte de* LAURAGUAIS, N°. 5. de
ſes Pieces juſtificatives, leſquels ſont en
tout très conformes. Il eſt vrai que M.
l'*Abbé* MORELLET a trés bien prouvé,
p. 66 & 70, que la Compagnie ne pourrait guère retirer que 12 à 13 millions
de ces effets mobiliers & immobiliers.
Mais comme les édifices de toute eſpece
qu'elle poſſede dans l'Inde n'y ont pas
été compris (7), quoiqu'ils forment un

---

(7) Et ils ne devaient pas y être compris, parcequ'il s'agiſſait dans ces états de faire connaître

capital très réel au fervice du Commerce, nous pouvons nous en tenir à
l'évaluation totale de *dix-huit millions*,
pour cette partie d'avances, dont le
capital en *fonds mort* doit être entre-
tenu par la Nation, d'une manière ou
d'une autre, fi elle continue *immédiate-*
ment le Commerce de l'Inde.

Les fonds circulants dans ce Commerce
doivent être plus confidérables encore.
Indépendamment de ceux que la Compagnie des Indes poffede déja, elle ne
pourrait continuer fon Commerce fans
emprunter *quarante fix millions*, ainfi
que fes Députés, Syndics, & Adminiftrateurs en font convenus devant les
Commiffaires du premier Tribunal du
Royaume. Quelqu'économie que les
Négociants puiffent mettre de plus que

---

feulement les fonds que la Compagnie pouvait réa-
lifer.

la Compagnie dans leurs opérations, il n'eſt guere vraiſemblable qu'ils y employent moins de fonds, puiſqu'ils n'ont pas les mêmes avances qu'elle déja exiſtantes.

Il parait donc aſſez clair que le Commerce de l'Inde, occupera à la Nation un capital de *ſoixante millions* au moins, tant en *fonds circulants* qu'en *fonds morts.*

§. I I I.

A quoi ſe monterait le capital du même Commerce, ſi la Nation le laiſſait faire aux Négociants ou aux Compagnies des autres Nations.

Si la Nation françaiſe abandonnait le Commerce *immédiat* de l'Inde, ce Commerce ſe trouverait fait naturellement par les autres Nations qui ont déja des établiſſements dans l'Inde.

Mais, par la raiſon même que ces Nations ont déja des établiſſements, & un Commerce tout monté; pour augmen-

ter ce Commerce de la quantité néceffaire afin de fournir à la confommation
de la France en marchandifes de l'Inde,
il ne leur faudrait prefque point accroître la portion de leurs capitaux qui
répond aux *avances primitives*. Il paraît
donc qu'elles pourraient faire avec environ *cinquante millions* d'avances , le
même Commerce qui en couterait *foixante* à notre Nation.

§. I V.

*Ce qu'il y aurait à gagner pour nous fur la
diminution des Capitaux du Commerce
de l'Inde , fi nous en abandonnions
l'exercice immédiat aux autres Nations.*

Si notre Commerce de l'Inde, en en
laiffant faire le *fervice* aux autres Nations employait *un fixieme* de moins de
fonds ; il s'enfuit qu'en tirant un intérêt
égal de leur argent , ces Nations pourraient fe borner à *un fixieme* de moins de

bénéfice; & *la concurrence entr'elles les y obligerait.*

Mais *un fixieme* de moins de *capital* occupé à nous procurer des marchandifes de l'Inde; & ce qui en ferait la fuite, *un fixieme* de moins de *bénéfice* fur ces marchandifes; fixeraient juftement leur valeur totale, rendues en Europe, à *un fixieme de moins.*

Nous acheterions donc les marchandifes de l'Inde *à meilleur marché d'un fixieme* aux Nations étrangeres, que nous ne pouvons les acheter des Négociants nationaux.

§. V.

Quel avantage nous trouverions à être difpenfés de fournir les capitaux du Commerce de l'Inde.

Le profit très réel, dont nous venons de parler dans le paragraphe précédent, forme un article peu confidérable en comparaifon de celui que la Nation trou-

verait à être difpenfée de faire l'avance
d'un capital de *foixante millions*.

Il y a près d'*un quart* de nos terres en
friches ; il y en a plus de *moitié* qui ne
rendent pas même le quart de ce qu'elles
pourraient produire ; *le dernier quart*,
qui eft le plus riche & le mieux cultivé,
pourrait cependant employer profita-
blement *une fois plus de richeſſes d'exploitation*, recevoir une culture du *double*
meilleure, & doubler en effet ſes récoltes. Nous manquons de chemins ; & encore plus de canaux navigables. Nous
n'avons preſque point de canaux d'arro-
ſements qui répandraient une ſi grande
fertilité ſur le territoire. Le Commerce
de nos grains n'eſt pas monté ; très peu
de Négociants s'y livrent, ils n'ont point
de magaſins préparés, point de greniers
conſtruits avec intelligence, encore
moins d'étuves pour la conſervation
des grains. Preſque tous nos moulins
ſont des machines déteſtables, qui,

dans le grain qu'on leur confie, laiffent perdre un quart de la farine qu'on en pourrait tirer pour nourrir l'efpece humaine ; qui par leur mauvaife pofition fur les rivières, embarraffent la navigation néceffaire au Commerce & au débit de nos productions ; qui par leurs digues & leurs éclufes noyent les prairies, détruifent la pâture des beftiaux, lefquels feraient eux-mêmes notre pâture, laboureraient & fumeraient nos terres, chaufferaient & vêtiraient nous & nos enfants. Tous ces objets préfentent une foule d'entreprifes à faire, utiles, néceffaires, preffantes, indifpenfables au bien de la Société ; très profitables pour ceux qui les tenteraient; fures, fans rifque, fans danger, fans inconvénient ; qui n'ont à craindre ni la mer, ni les Corfaires, ni la jaloufie de l'Etranger, ni fa concurrence, ni fa force, ni fon adreffe, ni fes intrigues, ni fes canons. Si dans ces circonftances, fi tandis que *les capitaux* manquent chez nous, nous ne difons pas pour une, mais pour toutes les entreprifes utiles ; que notre pauvre Peuple n'a point affez de falaires ; que les mendiants inondent nos chemins, nos fermes, nos Villages, nos Villes, nos rues, nos Temples & jufqu'à nos maifons ; qu'un beaucoup plus grand nombre de pauvres plus ref- pectables, fouffrent, gémiffent, jeu- nent, meurent dans leurs triftes retrai- tes ; que, faute de moyens pour en payer les avances, nous ne pouvons employer le travail dont ils pourraient bien s'ac- quitter ; fi dans ces circonftances, dis-je, nous encourageons, nous excitons la Nation à verfer, à expofer, & l'ex- périence du temps paffé devrait nous faire dire à *perdre*, à l'autre bout du monde *foixante millions* de capitaux, il me femble évident que nous faifons *mal*, & *un très grand mal.*

Un capital de *foixante millions* em- ployés

ployés dans le Royaume a établir des
moulins économiques, à mettre en marche le Commerce des bleds, à fournir
des bestiaux *à chetel* aux Laboureurs
qui en manquent, ou à toute autre entreprise de ce genre, procurerait à la
Nation un bien réel, & de grandes richesses renaissantes. Employé au Commerce de l'Inde, il ne sert, comme nous
venons de le voir, qu'à nous faire
acheter les marchandises indiennes d'un
sixieme plus cher que nous ne le ferions,
sans cette avance si considérable ; &
tout au plus à procurer, à quelques Négociants, quelques gains, moins assurés
& moins grands que ceux qu'ils retireraient de mille emplois que l'intérieur
du Royaume offre à leur intelligence
& à leur fortune.

D'après les lumieres qui se répandent
plus que jamais sur tous les ordres de la
Nation, & qui commencent à leur ap-
prendre à chercher les richesses à leur

C

véritable source, on peut estimer que
de ces *soixante millions* de capital employés librement, ainsi qu'il plairait à
ceux qui les possedent, il y en aurait
au moins *trente millions* consacrés à des
entreprises d'Agriculture ou de Commerce rural. Ces entreprises, non-seulement salarient des hommes & payent
des consommations, tout comme le
Commerce étranger & les Manufactures ; mais elles font *renaître* des productions & des richesses qui facilitent la
naissance ou l'immigration de *nouveaux
hommes*, & qui leur donnent les moyens
d'entreprendre de *nouveaux travaux*,
qui assurent de *nouvelles jouissances* à la
Société. On sait qu'un capital de *dix
mille francs* employé à la culture sur une
terre où les avances foncieres font déja
faites, fait en général renaître annuellement une récolte de *cinq mille francs*,
dans laquelle il y a environ *deux mille
francs* de produit net. On peut juger delà

que *soixante millions* de capitaux, dont la moitié seulement serait employée en entreprises champêtres, pourrait accroître annuellement la totalité de nos richesses renaissantes de *quinze millions*; qui feraient subsister *vingt cinq mille familles*, ou *cent mille ames*; qui donneraient *six millions* de revenu aux Propriétaires du territoire; qui pourraient fournir *deux millions* d'impôt au Souverain. Et tout cela se ferait en payant bien & largement le profit des Entrepreneurs.

Voilà ce que nous pourrions gagner à ne pas nous charger nous-mêmes de faire le Commerce dans l'Inde. Si nous nous y livrons, les *soixante millions* de capitaux qu'il emportera manqueront aux entreprises utiles de l'intérieur; les *quinze millions* de productions ne renaîtront point; les *cent mille ames* logées dans des corps sans pain, seront très affligées, & meneront une vie fort triste

& fort courte ; les *six millions* de *revenus* ne *reviendront* point aux Propriétaires ; l'impôt trouvera un vuide *de deux millions* dans les caiffes de particuliers où il doit puifer.

§. VI.

Conclusion de ce Chapitre.

Que faut-il faire dans le cas que nous venons d'expofer ? Ce que font les Rois, qui foudoient des Troupes étrangeres pour ménager les hommes de leur Nation : ce que font à Paris les particuliers qui ont beaucoup de courfes à faire, qui ne veulent pas ruiner leurs chevaux ; quand il s'agit d'aller loin & que le chemin eft mauvais, ils louent des chevaux de remife. Si les autres Nations ont des capitaux à éloigner de deffus leur fol, à rifquer, à *louer*, à perdre, tant mieux pour elles ; fi elles en font un emploi peu réfléchi, tant pis ; mais toujours eft-il que nous devons avoir foin des nôtres.

Ce soin nous sera d'autant plus profitable, qu'en nous déterminant à acheter les marchandises de l'Inde à nos voisins, nous avons vû que nous les aurions sur le pied d'environ *un sixieme* à meilleur marché.

On dira, « qu'à quelque prix que ce » soit, si ce sont nos voisins qui nous » fourniffent les marchandises de l'In- » de, il faudra que nous nous réfol- » vions auffi à les leur payer ». Sans doute ; & ce n'eft pas là un petit avantage. Car si nous leur *payons* ces marchandises, ils nous *payeront* pareillement avec elles, beaucoup d'autres chofes que nous avons grand befoin de vendre, & que les Indiens n'acheteraient pas : c'eft ce que nous développerons dans le Chapitre fuivant.

CHAPITRE III.

Du débit de productions & de marchandises nationales que le Commerce de l'Inde peut nous occasionner, selon que nous le ferions, immmédiatement ou médiatement.

§. PREMIER.

Débit que procure le Commerce de l'Inde, exécuté immédiatement.

LE COMMERCE de l'Inde se fait à *faux - fret* , c'est - à - dire qu'on est obligé d'envoyer les vaisseaux d'Europe presque vuides; attendu que nos marchandises ne font point de débit aux Indes , & que nos productions ne peuvent se conserver jusques - là. De sorte que les deux tiers au moins d'une cargaison d'Europe sont en or ou en argent, sur lesquels il n'y a rien à *gagner.*

On voit par les divers états que renferme le Mémoire de M. l'*Abbé* MoRELLET, & qui bien loin d'être contestés, ont été confirmés par les Mémoires suivants, qu'une expédition qui rapporte pour environ *trente millions* de marchandises de l'Inde, n'emporte guere que pour *six millions & demi* de marchandises d'Europe. Il est à observer que ces marchandises d'exportation font des marchandises de luxe, & d'une industrie très recherchée ; horlogerie, bijouterie & autres choses de cette espece, dont la matiere premiere est tirée de l'Etranger, & dans lesquelles le prix de la main-d'œuvre, ne présente qu'un remboursement de frais & de salaires, sans aucun produit net.

La dépense que les armements, les désarmements, le salaire des Matelots & des Officiers de Marine, les ventes & la régie du Commerce occasionnent en France ou sur les vaisseaux, pour une telle expédition est d'environ *quatre millions*; qui joints à *quatre* autres *millions* pour l'intérêt de l'argent, l'assurance, & les menus frais imprévus, forment encore une somme de 8 *millions*, dont l'emploi peut être regardé comme étant de quelque profit à la Nation.

Reste *quinze millions & demi* qui vont, en or & en argent, s'enterrer dans les Indes, pour des marchandises que la Nation aurait pu payer d'une maniere beaucoup plus avantageuse pour elle ; ainsi que nous le verrons dans l'article suivant.

§. I I.

Du débouché qu'offrirait le Commerce de l'Inde à nos productions & à nos marchandises , si nous ne le faisions pas imdiatement.

Si nous laissions les Négociants Anglais, Hollandais, Danois, Suédois, nous apporter pour *trente millions* de marchandifes de l'Inde ; il eft évident qu'ils auraient alors , chez nous , une valeur de *trente millions* , avec laquelle ils pourraient nous payer pour *trente millions* de productions ou de marchandifes françaifes. Et non feulement ils pourraient faire chez nous ces achats, mais je dis qu'ils les feraient ; car il leur ferait beaucoup plus avantageux de retirer de France des productions & des marchandifes fur lefquelles ils peuvent , en les revendant , gagner au moins *dix pour cent* , que de l'argent, fur lequel il n'y a *rien à gagner du tout*. Et les Négociants ne laiffent pas échapper les occafions de faire du profit.

On peut donc être affuré qu'ils auraient grand foin , *pour ne pas laiffer leurs fonds oififs*, & ne pas *perdre un fret* de plus , de charger leurs vaiffeaux en retour, de nos vins, de nos eaux-devie , de nos huiles , de nos grains , de nos fels, de nos toiles & autres productions ou marchandises Françaises, qu'ils pourraient débiter dans leur pays ou ailleurs. Ce qui constituerait pour nous un Commerce réciproque, propre à augmenter la valeur de nos récoltes, & les salaires de notre industrie.

§. III.

Avantages qui résulteraient de l'augmentation de débit que le Commerce médiat de l'Inde assurerait à nos productions & à nos marchandises nationales.

Pour évaluer équitablement ce qu'il y aurait d'avantageux pour nous, relativement au débouché, à ne faire que *médiatement* le Commerce de l'Inde, il faut considérer :

Que le débit de *trente millions* en productions ou en marchandises vendues aux Anglais, aux Hollandais, aux Danois, aux Suédois, présente d'abord, à le regarder seulement quant à la mas-

se, un débouché de *quinze millions &*
demi plus fort que celui que nous peut
donner le Commerce direct de l'Inde,
par un achat de *six millions & demi* en
marchandises, & par *huit millions* de
salaires de toute espece qu'il peut répandre.

Que d'ailleurs nous vendrions à ces
divers Peuples plus de productions que
de marchandises de main - d'œuvre ;
puisque nos vins, nos eaux-de-vie, nos
huiles, & nos sels, sont particulierement
les choses qui trouveraient chez eux le
débit le plus considérable, s'ils avaient
plus *le moyen* de les payer.

Que notre Compagnie, ni nos Négociants, ne sauraient au contraire, dans
la petite quantité de marchandises qu'ils
peuvent acheter chez nous pour l'Inde,
employer que des marchandises de luxe,
& d'une industrie très recherchée, ainsi
que nous l'avons fait voir dans le premier paragraphe de ce Chapitre.

Qu'il y a beaucoup moins de profit à débiter des marchandises de main-d'œuvre, & sur-tout des marchandises de luxe, dont tout le prix passe nécessairement en remboursement de frais, & de façons, que des productions dont la culture donne un grand *produit net* & disponible, qui fonde l'aisance des propriétaires des terres, ainsi que les revenus & la puissance de l'Etat; & dont la dépense en outre, fait subsister autant d'hommes, & paye autant de salaires que les frais & les façons des marchandises de main d'œuvre.

Que par conséquent, non-seulement le commerce de l'Inde nous offrirait en le laissant faire aux autres Nations, un plus grand débouché que celui qu'il peut nous procurer en le faisant *immédiatement*; mais que ce débouché, double au moins en masse, serait encore d'une nature beaucoup plus avantageuse.

Par le commerce *direct* de l'Inde nous

pouvons débiter pour *huit millions* au plus de productions & de marchandifes mêlées, partie nationales partie étrangeres, pour les fournitures des armemens, & la dépenfe de l'affurance & de l'intérêt de l'argent ; & pour *fix millions & demi* de marchandifes purement de luxe & en grande partie étrangeres (voyez page 54 du fecond Mémoire de M. l'*Abbé* MORELLET). Le total de ce débouché, d'une nature peu avantageufe, n'eft que de *quatorze millions & demi*.

Par le commerce *indirect* nous débiterions de même pour *huit millions* de productions & de marchandifes mêlées ; mais nous y ajouterions un débouché de *vingt-deux millions* en productions.

L'avantage quant à la maffe totale des falaires ferait de *quinze millions & demi*, ou de la fubfiftance d'environ *vingt-fix mille familles* ou 104 *mille perfonnes*.

Quant au *produit net*, que nous eftimerons feulement ici fur le pied d'*un* cinquieme de la valeur totale des productions *débitées* (11), le profit serait

---

(11) Dans le *paragraphe cinquieme* du Chapitre précédent, nous avons évalué le produit net selon le cas le plus général à *deux cinquiemes* de la valeur totale des récoltes. Ici nous ne le portons qu'à *un cinquieme* du prix des productions débitées à l'Etranger. Cela présente au premier coup d'œil une différente frappante dans nos calculs, mais cette différence n'est qu'apparente; & c'est elle qui constate notre exactitude.

Dans le premier cas, il s'agissait des récoltes que ferait renaître l'emploi de *soixante millions* de capitaux consacrés à des entreprises utiles dans l'intérieur du Royaume. Alors le calcul devait poser sur la valeur de ces récoltes à la vente de la premiere main, pour en connaître le *produit net.* Ici la valeur de ces récoltes à la vente de la premiere main n'est pas bien connue, puisque le prix de *vingt-deux millions* est celui du débouché extérieur, tel qu'il serait établi dans nos Ports, d'où les Etrangers ont à retirer leurs fonds. Mais pour conduire les productions dans nos Ports, il en coute des frais, qui ajoutés au prix de la vente de la premiere main, for-

annuellement de *quatre millions deux cents mille livres* pour les Propriétaires du territoire ; ce qui les mettrait à por-

---

mnt précifément la *valeur totale* fur le pied de laquelle les Etrangers peuvent & doivent les prendre dans ces Ports. Nous avons fuppofé que ces frais de voiturage & de revente à l'étranger fe monteraient a environ *un quart en fus* de la premiere valeur des récoltes ; ce qui ne laiffe plus fur la valeur des productions à leur débouché dans nos Ports qu'*un cinquieme* pour le produit net, quoique ce produit à la vente de la premiere main, ait été des *deux cinquiemes*.

On fent qu'il y a une certaine latitude dans tous ces calculs, qui font fondés fur les réfultats moyens & généraux des opérations de culture & de Commerce, & qu'on doit regarder ici comme les figures groffieres que les Géometres font avec du charbon pour arrêter & rappeller leurs idées, mais qui ne laiffent pas de donner des conféquences fort juftes. Et l'on doit toujours remarquer, par les Obfervations même auxquelles nous nous affujettiffons, combien nous avons foin d'éviter l'exagération, & de raffembler, autant qu'il eft en nous, la maffe réelle des données qui décident des réfultats.

tée de donner au Souverain environ *douze cents mille francs* d'impôt direct.

§. I V.

Réfumé de ce Chapitre & du précédent.

SI nous nous obftinons à faire *directe-ment* le commerce de l'Inde, nous paye-rons *un fixiéme* plus cher les marchan-difes que nous en tirerons (§. 4. Ch. I.).

Nous perdrons le fruit des entreprifes utiles qui auraient été faites avec l'em-ploi de 60 *millions* de capitaux dans l'in-térieur du Royaume (§. 5. Ch. I.).

Nous perdrons par cette privation de *capitaux* une réproduction annuelle d'en-viron *quinze millions*, qu'aurait fait naî-tre la portion de ces capitaux, qui aurait été naturellement confacrée aux entre-prifes rurales. (§. 5. Ch. I.).

Nous perdrons un débouché pour *vingt-deux millions* de productions, dont *quinze millions & demi* auraient été en augmentation de la maffe du débit & des

falaires

falaires pour la Nation (12) (§. précédent.).

_____

(12) Ce profit que trouve une Nation à débiter
les productions & les marchandises de son pays,
nous conduit à la solution d'une question qui a été
fort agitée entre les Philosophes économistes &
leurs Adversaires; & par rapport à laquelle ces derniers, peut-être, ont été plutôt confondus que
convaincus.

Les Economistes ont bien prouvé que de recevoir la balance du Commerce en argent, ce n'é-
tait pas un avantage; que c'était la marque d'un
Commerce incomplet, fur lequel on n'avait pas
pu se procurer le bénéfice des retours; que c'é-
tait enfin le *pis aller* du *pis-aller* du Commerce.

Les autres Ecrivains qui avaient placé le *maxi-
mum* de la Politique mercantile à se procurer cette
balance onéreuse, n'ont su que répondre à ces faits
bien démontrés; & la plupart ont pris de l'humeur, la seule chose qu'il ne faille jamais prendre, quand on veut trouver la vérité. Si au lieu de
se fâcher, ils eussent remonté à la source de l'opinion qu'ils ne pouvaient plus défendre, ils auraient
vu qu'elle était fondée sur une fausse conséquence,

D

Nous perdrons par ces deux articles
la subsistance annuelle, & par consé-

---

tirée, par une logique plus rapide qu'éclairée,
d'un fait vrai.

Ce fait qu'ils n'avaient qu'entrevu, est que lorsqu'une Nation, qui n'est pas Propriétaire de mines, est réduite à payer en argent les marchés de
son Commerce, cela est moins avantageux pour elle
que si elle pouvait payer en productions ou en marchandises de son pays, qu'elle a toujours intérêt de
débiter; puisque sur ce débit sont fondés ses revenus & les salaires de son Peuple. De cette vérité,
tant bien que mal reconnue, ces politiques demi-
négociants, demi-financiers, & nullement fraternels, avaient conclu à l'inverse, que puisqu'il
était désavantageux de payer la balance du Commerce, il devait être avantageux de la recevoir;
car leur formule générale, tirée, par un raison-
nement encore assez inexact, du genre de leurs
occupations non productives, était que personne
ne peut gagner qu'aux dépends des autres, & qu'un
avantage pour l'un & un désavantage pour l'autre
étaient deux parties essentielles à tout marché.

C'est cette formule barbare & fausse, que les

quent la population de plus de *cinquante
mille* familles (§. 5. du Ch. II. & §. 3. du
Chap. III.).

Politiques agriculteurs, qu'on a nommés Philofophes économiftes, fe font particulierement attachés à détruire. Et fi leurs travaux affidus ont
mérité quelque reconnaiffance de leurs femblables,
c'eft lorfqu'ils ont fait voir que les hommes ne
peuvent jamais avoir un intérêt ifolé, & qu'entr'eux tous les défavantages font réciproqu's,
comme tous les avantages mutuels. Auffi nul de
ces Philofophes ne fera furpris en remarquant le
point de vérité générale, auquel doivent fe terminer toutes les conteftations fur la balance du Commerce, & qui eft que *cette balance eft également
défavantageufe à payer & à recevoir.* Ils reconnaî-
tront dans ce principe la réciprocité de bien & de
mal entre les humains, qui eft la grande loi donnée
par la nature pour le bonheur & l'union des Sociétés.

En effet, la Nation qui paye la balance du
Commerce *perd* l'avantage du débit, comme celle
qui la reçoit *perd* le profit des retours propres à la
jouiffance. L'une & l'autre font un Commerce

Nous perdrons plus de *dix millions* de *revenu disponible* pour les Propriétaires, du produit net du territoire. La part du fisc public dans cette somme serait de plus de *trois millions*, qu'il *perdra* (§. 5. du Ch. II. & §. 3. du Ch. III.), & qu'il ne pourra jamais remplacer par des impôts sur les importations de marchandises des Indes ; puisque les impôts qu'il mettrait sur ces marchandises seraient toujours payés aux dépens des autres consommations & des autres impôts : au lieu que celui qui se prend sur un *produit net* a une base assurée qui ne nuit

---

incomplet ; & c'est dans le Commerce réciproque que consiste le plus grand avantage possible de tous les Peuples commerçants.

Ainsi se confirme le principe que l'argent monnoie, *serviteur* du Commerce, n'en doit pas être l'*objet* ; & que moins on l'employe & plus le Commerce est profitable.

pas à celle que préfente *un autre produit net.*

Si nous nous déterminons à acheter aux autres Nations les marchandifes de l'Inde que nous pouvons confommer, nous *gagnerons* l'épargne de toutes ces pertes.

CHAPITRE IV.

De la Paix & de la Guerre, dans l'une & l'autre maniere d'exercer le Commerce de l'Inde.

§. PREMIER.

Que la Guerre lointaine est inséparable du Commerce immédiat.

LES calculs que nous venons de présenter supposent qu'en exerçant *immédiatement* le commerce de l'Inde, la Nation ferait sure de le faire en paix. Mais une malheureuse expérience prouve qu'il ne faut pas compter sur une telle hypothèse. Il était presqu'impossible, avec une Compagnie exclusive, & il serait au moins très difficile à des Négocians particuliers de faire le Commerce de l'Inde, sans que la Nation y ait des établissements & des colonies. Il est impossible que ces établissements & ces co-

lonies exposés à *six mille lieues* de la Mé-
tropole, à la jalousie des Barbares de
l'Inde, & à celle des diverses Compagnies Européennes, qui ne sont pas beaucoup moins barbares, n'excitent point des
guerres. Il est impossible que ces guerres
lointaines ne coutent pas infiniment plus
que les établissements, les colonies, &
tout le commerce de l'Inde ne peuvent
jamais valoir.

Dans l'espace de quarante ans, ces
guerres nous ont couté en dépenses faites par notre Compagnie des Indes, ou
par l'Etat pour elle, quatre ou cinq
fois la valeur du capital originaire de la
Compagnie, & de celui qui serait nécessaire pour exercer de la maniere la
plus brillante le commerce de l'Inde *en
paix* ; & sans les succès très inespérés,
& qui n'étaient pas même présumables,
que la Compagnie Anglaise a eu dans
la derniere guerre, elle se trouvait ruinée comme la nôtre.

Il ne s'agirait donc pas feulement que nous formaffions à préfent un nouveau capital de *foixante millions*, pour foutenir *directement* le commerce de l'Inde ; mais il faudrait nous réfoudre à le renouveller en entier, prefqu'à chaque guerre que nous ferions dans le cas d'effuyer, fans compter celles qui font particulieres à l'Inde même.

Si l'on joint à cette obfervation celles que nous avons faites dans notre *premier Chapitre*, fur le befoin preffant que nous avons de *capitaux*, & fur la néceffité où nous fommes de ménager les nôtres ; fi l'on y applique les calculs que nous avons préfentés fur le dommage que nous cauferait le feul emploi de *foixante millions* au commerce de l'Inde ; on verra combien nous devons redouter de nous engager dans un gouffre, qui au lieu de *foixante millions* en dévorerait peut-être *trois cents* d'ici à la fin du fiécle : & combien il ferait plus fage, à tous égards, de laisser faire les frais de cette source de querelles interminables à qui voudra bien s'en charger, & d'attendre pacifiquement qu'on vienne acheter nos productions, en les payant avec des marchandises de l'Inde : ce qui n'arrivera jamais, tant que nous ambitionnerons d'en être nous-mêmes les voituriers.

§. II.

Que le Commerce de l'Inde doit nous faire payer les frais des Guerres qu'il entraîne, sous peine d'être ruiné ou ruineux, ou plutôt l'un & l'autre à la fois.

LES dépenses & les accidens de la guerre peuvent être regardés comme des espèces de fléaux réguliers & inséparables du Commerce *immédiat* de l'Inde. Or il est inévitable pour les Compagnies ou les Négociants qui entreprennent ce Commerce, d'avoir à supporter au moins une partie de ces accidens & de ces dépenses.

Si le Gouvernement les en dédommageait en entier, il tomberait dans l'injuftice de faire acheter trois ou quatre fois *aux pauvres* de la Nation, par des impofitions onéreufes, des marchandifes *fuperflues* que les *riches* feuls *confommeraient* après les avoir achetées & *payées* à leur tour.

Si le Gouvernement laiffe avancer aux Entrepreneurs du commerce *direct* de l'Inde les frais qui réfultent des guerres dont ce commerce eft la caufe ; ces Entrepreneurs feront forcés, ou de fe ruiner, ou de furhauffer tellement le prix des marchandifes de l'Inde, que ce prix extrême leur affure la rentrée des capitaux que la guerre confumera, & de l'intérêt de ces capitaux. Alors l'injuftice fera moins grande, parceque le pauvre Peuple ne fera du moins pas obligé de faire *d'avance* les frais de ces gueres auffi ruineufes qu'infenfées ; les riches qui confomment les marchandifes de

l'Inde, paraîtront seuls d'abord supporter la charge de ces dépenses exceffives & lointaines. Mais par cela même
qu'elles font *lointaines*, elles privent le
pauvre Peuple du profit qu'il retirerait
de la dépense des riches, fi elle fe faifait
dans le pays; & elles caufent tous les
dommages que nous avons vu dans notre
premier Chapitre devoir réfulter de la déperdition des Capitaux néceffaires pour
foutenir & favorifer les entreprifes utiles. Et dans ce cas comme dans l'autre,
nous fommes toujours obligés de payer
les marchandifes de l'Inde infiniment
plus cher que nous le ferions fi l'on pouvait tarir, ou du moins diminuer la
fource de ces guerres, par rapport auxxquelles il eft difficile de décider fi elles
font plus nuifibles que honteufes à l'humanité.

§. I I I.

Que si nous renonçions au Commerce im-
médiat de l'Inde, les guerres seraient
beaucoup plus rares & moins couteuses.

Il n'y a actuellement dans les Indes
que trois Nations européennes qui puissent contribuer à y exciter des guerres,
ou s'y déterminer à la faire entr'elles;
les Français, les Anglais & les Hollandais. Les autres Nations n'y sont pas
assez puissantes pour être *querelleuses*, &
pas assez importantes pour être *querellées*.
Si de ces trois Nations il s'en retirait
une, il est clair qu'il y aurait *un tiers*
moins d'occasions de dispute. Mais si la
Nation qui se retirait était ou la Française ou l'Anglaise, la diminution des
causes de guerre serait *au moins de moi-*
tié; car ces deux Nations y étant les
plus voisines, sont celles qui ont toujours été les plus aisées à animer l'une
contre l'autre. Il est d'expérience que,

depuis que nous avons entrepris le Commerce de l'Inde, nous n'y avons presque jamais eu de guerre qu'avec les Anglais, ni les Anglais qu'avec nous. Indépendamment des guerres directes, dans toutes celles qui n'ont paru se faire que pour ou contre les *Rajahs*, les *Soubas* & les *Nababs*, dès qu'une des deux Nations a embrassé le parti de l'un, l'autre a sur le champ pris celui de son Adversaire. Les Hollandais plus sages sont restés neutres dans ces querelles, & n'en ont point suscité. On peut donc se tenir pour assuré que la source de *la moitié* des guerres de l'Inde serait tarie, si nous ne voulions plus nous en mêler. Et beaucoup d'occasions de moins de guerres aux Indes, en produiraient *quelques unes* de moins en Europe.

Je me garderai bien de m'étendre ici sur l'avantage, sur le bonheur, sur la satisfaction si douce qui sont attachés à toutes les opérations qui épargnent le

fang humain. Les habitants des grandes
Villes Capitales, qui ne font jamais
dans le cas d'éprouver directement les
malheurs de la guerre, & dont l'oifiveté
s'*amufe* en parlant de maifons écrafées
par les bombes, & de milliers d'hommes égorgés, regretteraient peut-être
le vuide que la paix peut laiffer dans
leurs converfations. Mais ils font fenfi-
bles à la perte de leur argent. Qu'ils y
penfent donc! & qu'ils apprennent que
fi le Commerce de l'Inde entraine *moi-*
tié moins de guerres, quand nous en
aurons laiffé le voiturage aux Etrangers; ces Etrangers pourront en y ga-
gnant beaucoup davantage, nous donner les porcelaines, la moufeline, les
magots & le papier de la Chine, & les
toiles de perfe, à *un tiers* meilleur marché.

Que l'on joigne cet avantage avec
celui que nous avons déja remarqué,
(dans le paragraphe 4 de notre fecond

Chapitre) de la diminution d'*un fixieme*
fur le prix des marchandifes de l'Inde
rendues en Europe ; attendu qu'elles
employeraient en paix *un fixieme* moins
de fonds. Et l'on verra que pour être
biens fournis de marchandifes de l'Inde
à moitié prix de ce qu'elle nous coutent
aujourd'hui , il ne faudrait , comme
nous l'avons prouvé dans les Chapitres
précédents , que nous déterminer à épargner *foixante millions* de capitaux , à
affurer la fubfiftance à plus de *deux
cents mille ames* , la jouiffance de *dix millions* de revenu aux Propriétaires de nos
terres , & la recette de *trois millions* d'impôt au Souverain.

Ce petit nombre d'Obfervations eft
plus que fuffifant fans doute pour nous
faire voir ce que vaut le Commerce *immédiat* de l'Inde. C'eft à ce Commerce
onéreux , exercé de la maniere *la plus
onéreufe* , c'eft-à-dire par une Compagnie à la fois exclufive & affervie , que

la Nation a sacrifié *un demi milliard* de capitaux, depuis cinquante ans. Il ne faudrait pas six opérations comme celle-là, pour que les trois quarts du Royaume fussent en friche.

Ceci nous mene à juger les faits que présente l'Histoire de la Compagnie des Indes; Histoire qui aurait peut-être été plus courte, si quelqu'un eut pu faire lire à M. COLBERT les quatre Chapitres que nous venons de parcourir.

SECONDE

SECONDE PARTIE.

DE LA COMPAGNIE DES INDES.

CHAPITRE PREMIER.

Du Commerce & de la Compagnie des Indes, pendant le siecle dernier.

LONG-TEMS avant M. *Colbert* il s'était formé quelques Compagnies des Indes. Mais celles là du moins n'avaient pas coûté beaucoup de *capitaux* à l'Etat ; la plupart d'entr'elles n'ayant rien envoyé aux Indes.

Après que le Grand HENRI IV eût pacifié la France, quelques particuliers, parmi lesquels il y avait des gens de distinction, excités par l'exemple des Portugais & des Hollandais, par l'es-

E

prit avanturier qui subsistait encore, &
par l'espoir du gain, voulurent tenter
le Commerce des Indes, où ils envoye-
rent *Pyrard* en 1601, avec peu de succès.
Peu de tems après il se forma une Compagnie, qui demanda & obtint en 1604
le privilége exclusif du Commerce de
l'Inde pour quinze ans; on lui accorda
en outre l'exemption de tous droits sur
les marchandises qu'elle rapporterait de
ses deux premiers voyages. Mais elle
ne jouit pas de cette exemption, car
elle ne fit point de voyages & ne rap-
porta point de marchandises, attendu
qu'elle manquait presque totalement
d'avances pour les armements qu'elle
avait *seule* permission de faire.

Sept ans après, cette Compagnie avait
rassemblé quelques fonds, & peut-être
allait s'occuper du Commerce, quand
l'avidité de *Conchini*, si connu sous le
nom du *Maréchal d'Ancre*, la força de
les employer à racheter la confirmation

& la prolongation du privilege qui jufqu'alors ne lui avait fervi à rien. L'argent qu'il fallut mettre à gagner la
protection de ce favori, rendit plus difficile que jamais à la Compagnie exclufive de mettre des vaiffeaux en mer.

On la réunit en 1615 avec une nouvelle Compagnie, qui demandait à profiter de l'inaction de la premiere, &
qui la partagea fous le nom commun
de *Compagnie des Moluques.* De forte
que pendant vingt-trois ans ces Compagnies ne firent du privilege exclufif qu'on leur avait donné, nul autre
ufage que celui d'empêcher les Français d'envoyer aucun vaiffeau dans
l'Inde.

Quand ce privilége exclufif, prorogé
plufieurs fois, fut enfin expiré, quelques
Négociants particuliers, & depuis une
Compagnie libre effayerent le Commerce avec une forte de fuccès. En
1642, *le Cardinal* DE RICHELIEU dont

le despotisme arbitraire ne pouvait s'accommoder avec aucune idée de liberté, donna, à cette Compagnie, libre jusqu'alors, quelques réglements & un privilége exclusif pour dix ans. Il comptait favoriser ce Commerce à sa maniere impérieuse. La Compagnie se ruina. Le Maréchal de la Meilleraye, qui l'avait d'abord combattue, la releva; elle se ruina encore.

Il est très difficile de savoir ce que ces mauvais succès ont couté à la Nation. Mais il y a lieu de croire que la perte fut petite, ce Commerce ayant jusqu'alors été très peu animé, & la Compagnie n'ayant fait d'établissements que le *Fort Dauphin* à Madagascar. Etablissement qui fut détruit par les naturels de l'isle, lesquels trouvaient étrange qu'une poignée d'hommes fussent venus de l'autre bout du monde dans des boëtes, pour insulter, tromper, trahir & tenter de soumettre un grand Peuple.

En effet , notre Colonie du Fort Dauphin, au lieu de faire paisiblement le
Commerce, s'étoit amusée à toutes ces
injustices orguilleuses, par lesquelles
elle mérita ses malheurs.

Enfin Louis XIV jetta en 1664 les
fondements de la Compagnie actuelle ,
avec le même esprit de cette magnificence qui ne calcule point , qui élevait
Versailles ; & qui maîtrisait la *Seine* à
Marly. Il est difficile de savoir ce qui contribua le plus à cet établissement, ou du
désir qu'avait le Prince d'étendre sa domination & sa renommée , ou des vues
du Ministre , trop ébloui par l'éclat du
Commerce extérieur , & qui ayant malheureusement méconnu la source des
richesses , croyait de très bonne foi les
multiplier & les étendre toutes les fois
qu'il *semblait faire naître* une nouvelle
occasion de voiturer & de revendre.
Nous disons qu'il *semblait faire naître* ;
car il est certain que sans la perte des

* E iij

capitaux qu'il facrifia au Commerce de l'Inde, & celle des débouchés dont il fe priva, en voulant le faire *directement*, il y aurait eu dans le Royaume beaucoup plus de richeffes, &, pour occuper les Négociants & les autres falariés de la Nation, beaucoup plus de débit, de voiturages & de reventes. C'eft une vérité qui ne fera problêmatique pour aucun de ceux qui auront bien voulu prendre la peine de lire la premiere Partie de cet Ecrit. Quoiqu'il en foit, M. *Colbert* fit figner au Roi 119 copies d'une Lettre circulaire, pour exciter les Négociants des principales Villes du Royaume à devenir Actionnaires de fa Compagnie, & le Monarque lui-même y engagea les Seigneurs de fa Cour. Il promit formellement (article XL de fes Lettres Patentes de création) de faire la guerre pour cette Compagnie, & tint parole peu de temps après. Car la fameufe guerre de Hollande eut pour principal objet l'envie de favorifer les établiffements de la nouvelle Compagnie dans l'Inde : comme l'a très bien prouvé, dans un Ouvrage qui doit paraitre inceffamment, un des Écrivains économiques les plus diftingués, M. l'*Abbé* ROUBAUD, qui lui-même a montré beaucoup de lumieres fur le Commerce de l'Inde, & fait très bien fentir dans fon *Politique Indien* le peu de cas qu'on doit faire d'un Commerce qui entraine tant & de fi terribles querelles.

Non feulement LOUIS XIV s'engagea à foutenir toutes celles que la Compagnie exclufive des Indes pourrait attirer ou éprouver ; mais il foumit fon tréfor, c'eft-à-dire *celui de la Nation*, à payer à la Compagnie un impôt de cinquante livres (*cent livres* au moins de notre monnoie actuelle) par chaque tonneau de marchandifes qu'elle exporterait du Royaume ; & un autre impôt de foixante quinze livres (plus de *cent cinquante livres* d'aujourd'hui) pour

E iv

chaque tonneau de ſes retours (13).
Il fit encore *des deniers publics* , une
avance de *ſix millions* au moins de notre
monnoie préſente à Compagnie. Au
bout de quatre ans il augmenta cette
avance de *deux* autres *millions* , & ſept
ans après il abandonna la propriété de
ces *huit millions* (toujours monnoie actuelle) à la Compagnie. Les Actionnaires , dans le nombre deſquels on
avait fait entrer les Particuliers les plus
riches , & les plus grands Seigneurs du
Royaume , ne purent joindre que *cinq
millions* d'alors , ou environ *dix millions*
d'aujourd'hui , aux avances qu'avait

---

(13) Voyez l'article 46 des Lettres Patentes.
C'était près de *deux cents mille francs* l'un dans
l'autre de notre monnoie actuelle , pour le voyage
complet , de chaque vaiſſeau de la force de ceux
que la Compagnie emploie , ſomme ſuffiſante pour
en payer l'armement entier. Le changement dans
la valeur numéraire du marc d'argent a depuis
réduit cet impôt à environ moitié.

faites le fifc public. De forte que dès
ce tems, les *quatre-neuviemes* des fonds
de la Compagnie des Indes avaient été
fournis par les Propriétaires des terres,
par les Cultivateurs , & par le pauvre
Peuple , qui refterent en outre chargés
d'un impôt confidérable en faveur de fes
voyages & de fes retours ; dans lefquels
ils n'avaient cependant aucune part ,
qu'en payant pour la feconde fois les
marchandifes de l'Inde , à toute leur valeur , & comme auraient pu le faire les
Etrangers qui n'avaient rien fourni pour
leur premier achat.

Cette Compagnie , tant favorifée ,
confuma promptement fon capital ;
ne foutint fon Commerce que par les
nouvelles faveurs du Roi, & par des
appels onéreux pour fes Actionnaires,
& fon crédit par des manœuvres peu
honnêtes. Pour fe faciliter des emprunts
elle partageait à fes Actionnaires des
fommes qu'on difait provenir des bénéfices du Commerce , tandis qu'on per-

dait beaucoup, & que le capital était presqu'entierement anéanti. On n'est pas surpris en la voyant ruinée totament par ces manœuvres mêmes, & enfin hors d'état de continuer ses opérations ; & réduite à vendre cherement à des particuliers des permissions de faire le Commerce, qu'elle ne pouvait plus ni faire, ni empêcher par elle-même, mais que le Gouvernement prohibait toujours en faveur du privilege exclusif dont elle était en possession.

Les secours du Roi ne purent l'empêcher de perdre Pondichéri & ses vaisseaux. Vingt ans après son établissement elle n'était déja plus qu'un vain nom, & elle ne fut plus autre chose jusqu'à la fin du règne de LOUIS XIV, malgré quelques efforts passagers qu'elle fit avec de l'argent emprunté sur un pied d'intérêt énorme, & quelques sommes que le Trésor royal lui avançait.

Cette première Compagnie exclusive & ses Délégués ont couté au moins *trente millions* de ce tems-là , ou *soixante millions* de notre monnoie actuelle à l'Etat. Et tant de pertes qui affaiblissaient la Nation , & qui déchiraient sans doute le cœur paternel du Prince , ne lui valurent en compensation que le plaisir de refuser audience à des Ambassadeurs de Siam à Versailles (14).

_____

(14) » Les Ambassadeurs de Siam en 1684, » eurent Audience de M. *de Seignelai* & de M. *de* » *Croissi* , & ils virent LE ROI dans la Galerie , le » 27 Novembre , comme il allait à la Messe : » *mais ils n'eurent point d'Audience* » (Abrégé Chronologique de l'Histore de France , par M. *le Président* HENAULT). Ces Ambassadeurs étaient d'autant plus intéressants qu'ils venaient de loin , & qu'ils étaient les seconds qui se fussent mis en route pour apporter des compliments au Roi. Les premiers avaient été envoyés par *le Roi de Siam* en 1680 , & ils étaient péris sur mer avant d'arriver. Le *Chevalier de Chaumont* , ramena en 1686 une troisieme Ambassade, qui fut un peu mieux traitée. Les ministres dont elle étoient composée , » eurent enfin Audience *dans la Galerie le premier* » *Septembre* ». (Voyez toujours M. *le Président* HENAULT).

CHAPITRE II.

De la formation de la Compagnie actuelle des Indes.

LA gloire de ce grand siécle, si cher à nos beaux esprits, était passée comme les *étoupes* qu'on brule dèvant le Pape à son exaltation. Il n'en restait plus lorsque Mg *le Duc D'ORLÉANS*, Régent, prit les rênes de l'Etat, qu'un peu de cendre & de fumée : *rien*. Mais si quelqu'un au monde a jamais été capable de faire quelque chose avec rien, c'était M. le Régent, dont le caractère actif & courageux, ou ne voyait point les obstacles, ou les bravait, entreprenait d'en triompher, & en triomphait souvent par la seule force de son génie.

On avait alors beaucoup de Compagnies exclusives de Commerce, & point de Commerce ; une masse énorme de papiers soi-disans circulants, qui ne circulaient point, & fur lefquels on perdait 80 pour 100 (15) ; Ordonnances & Affignations ; Billets des Tréforiers , Billets de la Marine , Billets de l'Artillerie , Billets de le Gendre , Billets de Fargès , &c. &c. Une dette immenfe exigible , & non acquitable. Des Charges, des Offices , des attributions de gages fans nombre ; des impôts exceffifs en eux mêmes , plus defaftreux encore par la forme de leur perception, infuffifans par leur produit ; nul moyen de fubvenir aux dépenfes courantes. C'était la fituation la plus terrible dans laquelle un Empire fe puiffe trouver : c'était le fruit de l'efprit de magnificence outré , de l'amour de la gloire peu éclairé , des exploits militaires excités & dirigés par M. *de Louvois*, des Réglemens de Commerce & du fyftême de Finance

---

(15) Recherches & Confidérations fur les Finances, par M. *de Forbonnais.*

adoptés par M. *Colbert ;* c'était l'héritage
que le siecle dernier avait laissé à celui ci.

Dans ce cahos effrayant , M. LE
RÉGENT se vit forcé de manquer aux
engagements de l'Etat , & entreprit en
même-tems de donner de la confiance à
de nouveaux engagements. On soumit
à un visa tous les papiers qui renfer-
maient titre de créance sur l'Etat. Les
plus favorisés furent réduits d'*un cin-
quième ;* d'autres de *deux ,* d'autres de
trois , & les plus maltraités de *quatre ;*
selon que les circonstances de la dette
ou de l'acquisition de l'effet qui en renfermait le titre , paraissaient en rendre
la propriété plus ou moins respectable.
C'était ceux auxquels il n'y avait rien du
tout à reprocher , qui n'avaient pu rien
gagner sur l'objet de leur créance , qui
tenaient leurs papiers directement du
Roi , dont la perte ne fut que d'*un cinquieme.* On paya à tous les Propriétaires des papiers réduits , la somme à la-

quelle on les avait fixés, en *billets de l'Etat*, auxquels on attacha une rente de *quatre pour cent*. A la faveur de cet emploi des *Billets de l'Etat*, pour remplacer les effets *visés*, on en fit aussi passer quelques-uns pour faire face à d'autres dettes pressantes.

Ces *Billets de l'Etat*, qui succédaient à d'autres *Billets* réduits, n'inspiraient que très peu de confiance ; ils perdaient *cinquante pour cent* sur la place. On mit en usage une infinité de moyens pour leur donner cours & crédit ; comme d'ordonner que dans les ventes de meubles qui se feraient par autorité de la Chambre de justice, on pourrait payer avec ces Billets les trois quarts de la valeur de tout meuble adjugé pour un prix au-dessus de 300 *liv.* (16), & autres

---

(16) Recherches & Considérations sur les Finances, par M. *de Forbonnais*, Tome II. page 443 de l'édition in-4°.

injonctions du même genre, qui ne suppléent ni à la valeur ni à la confiance, & qui en conftatent le défaut. Enfin on imagina de relever à la fois, par les Billets de l'Etat, les Compagnies de Commerce ruinées, & par les Compagnies, les Billets de l'Etat eux-mêmes.

Il exiftait alors une Compagnie de Traitants, qui avait le privilege excluſif d'acheter aux *Canadiens* les peaux de *Caſtor*, & de les apporter en France. On avait formé 1698 une autre Compagnie excluſive, à laquelle on avait concédé la *Louiſiane*, qui s'y était ruinée, & dont le privilege avait été confié en 1712 à M. *Croʒat*, auquel il avait apporté plus de perte que de profit. On réunit au mois d'Août 1717 ces deux *privileges excluſifs*, pour les donner à une nouvelle Compagnie qu'on établit fous le nom de *Compagnie d'Occident*. Et pour former un capital à cette Compagnie, on créa 200,000 actions de

500

500 *livres* chacune payables au Tréfor royal *en Billets de l'Etat* : ce qui conftitue le premier capital de la Compagnie des Indes, depuis fort augmenté par le Roi & encore plus altéré par les inconvénients inféparables du Commerce dont lui a remis l'entreprife. Cette manière de former un capital entre des Actionnaires, était fans doute une invention fort ingénieufe pour donner, d'un feul coup, une exiftence à des Compagnies prefque nulles, & un peu de cours aux Billets de l'Etat décriés. Et il n'en eft pas moins clair que, par ce payement des actions fait au *Tréfor Royal* en *Billets de l'Etat* pris à leur valeur *nominale*, la Compagnie d'occident fe trouvait bien créanciere de l'Etat ; mais qu'elle n'avait aucuns fonds pour faire fon Commerce, quoiqu'on l'appellât *Compagnie de Commerce*, tandis qu'elle n'était qu'une *Compagnie de rentiers* auxquels on avait, dans des vues ultérieurieures, donné un privi-

F.

lege exclufif, qu'ils ne pouvaient pas exercer avec leur capital entre les mains du Roi & leurs *quatre millions* de rente.

Il eft vrai qu'on avait arrangé que la rente de la premiere année ferait employée en entier à former le fonds du Commerce ; mais ce petit fonds de *quatre millions* qu'il fallait *tirer du Tréfor royal*, & dont l'emploi était dirigé par des Commiffaires du Gouvernement, néceffairement peu au fait du Commerce, ne pouvait pas le monter d'une maniere bien brillante, ni lui procurer de grands fuccès. Du refte, hormis les moyens de commercer, on avait donné à cette *Compagnie* toutes fortes d'encouragements : le privilège exclufif du Commerce de la Louifiane & des caftors du Canada pendant vingt-cinq ans ; la propriété de toutes les terres, mines, minieres, côtes, ports, havres & ifles de la *Louifiane* à *perpétuité*, & en toute juftice & feigneurie, avec le droit de

paix, de guerre, d'alliance ; celui de
lever des gens de guerre dans le Royaume, d'entretenir des troupes, de fondre
de l'artillerie à fes armes, de bâtir des
forts ; de nommer des Gouverneurs,
des Commandants, des Majors, &
toute efpece d'Officiers militaires & ci-
vils, & de les deftituer de même, dans
toute l'étendue des Pays de fa concef-
fion ; celui d'en vendre & aliéner les
terres à tels cens, rentes & redevances
ou conditions qu'elle jugerait à propos:
l'exemption de tous droits fur toutes
les marchandifes qu'elle exporterait du
Royaume, ou qu'elle tirerait de l'Etran
pour fes conceffions, ou qu'elle emploierait pour fes armements ; & celle
de moitié fur tous fes retours ; une gratification de *fix livres* par tonneau, pour
tous les vaiffeaux au-deffous de deux
cents tonneaux ; & de *neuf livres* pour
tous ceux au-deffus de deux cent cinquante tonneaux, qu'elle ferait conf-

truire dans l'étendue de ſes conceſſions, mais pour le premier voyage de chacun de ces vaiſſeaux ſeulement.

Avec toutes ces pompeuſes attributions, cette *Compagnie* était ſi peu en état de faire le Commerce, qu'elle ſe livra à un autre métier, en ſe rendant *Adjudicataire de la Ferme du Tabac*. Elle cherchait dans *la Finance* des reſſources que ſon *Commerce* ne lui aurait pas procurées.

Dans toutes les opérations de cette Compagnie, on remarque que l'impulſion lui était donnée par deux moteurs différents. L'un, qui était le plus faible, était l'intérêt qui devait animer les Actionnaires pour l'exercice de leur privilege, & l'amélioration de leur capital. L'autre, qui était le prédominant, était l'autorité du Gouvernement, ſur lequel roulait l'Adminiſtration ſuprême de la Compagnie, & qui la dirigeait ſelon des vues Politiques, dans leſquelles le Commerce n'entrait que comme moyen d'exciter la confiance publique. La prétendue *Compagnie du Commerce d'Occident*, ne pouvant fe déterminer à rien par elle-même, était réduite à prêter involontairement fon nom à JEAN LAW, pour accréditer le fyftême, auffi défaftreux qu'infenfé, par lequel cet Ecoffais obfcur parvint à bouleverfer la France. On exagerait les fuccès à la Louifiane, quoiqu'on convienne aujourd'hui que ce Commerce a toujours été onéreux pour elle (17). Pour avoir cependant quelque chofe à vanter, & que ce Commerce dont on parlait tant ne fût pas abfolument nul, & peut-être auffi pour éviter l'embarras *de payer* exactement *tous les trois mois un quartier* de la rente des Action-

---

(17) Voyez le Mémoire intitulé, *Eclairciffements*, &c. pag. 5. L'Auteur qui parait très bien connaitre les affaires de la Compagnie, dit qu'elle a perdu 25 *millions* à la Louifiane.

naires, comme on le leur avait promis, on retint encore les trois quarts de cette rente pendant la feconde année. Ce qui joint aux *quatre millions* de l'année précédente, devait former pour le Commerce un fonds de *fept millions*; qu'on réduifit à *cinq millions quatre cent mille livres*, en faifant acheter à la Compagnie d'Occident, moyennant *feize cents mille francs*, le privilege exclufif de la *Compagnie* titulaire *du Sénégal*, & quelques effets qui appartenaient à cette Compagnie ruinée comme les autres, & qui ne pouvait plus continuer fon commerce. Cette augmentation d'entreprifes, jointe à la diminution de fonds qu'elle occafionnait, ne permettait pas de poufter le Commerce avec beaucoup de vigueur. *Cinq millions* 400 *mille liv.* pour faire les avances courantes, & la plus grande partie des avances de l'établiffement du Commerce des *Caftors*, de celui de la *Louifiane*, & de celui du

Sénégal, ne pouvaient pas mener bien loin.

Il fallait pourtant monter un équipage de Commerce, & qui même eût l'air d'être celui d'un grand Commerce. Car dans le projet de *Law*, qui était de foutenir le crédit de fa Banque, par celui de la *Compagnie d'Occident*, il était nécessaire d'attacher les regards du public fur les préparatifs d'un Commerce éblouissant. Or il était impossible d'y suffire avec *cinq millions quatre cent mille livres*, qu'on ne pouvait prendre que dans *le Tréfor royal*, exceffivement obéré, malgré les efforts d'une meilleure Administration, par les fuites du dérangement inimaginable dans lequel toutes les affaires étaient reftées à la fin du règne précédent. On avait donc un preffant befoin d'argent, pour donner une exiftence au moins apparente à ce Commerce, fur la réputation duquel on fondait l'efpoir des fuccès de la Banque, &

des remboursements *imaginaires* qu'elle devait opérer. On en avait besoin aussi pour d'autres nécessités particulieres, & l'on savait que si la Compagnie en pouvait prêter, on ne manquerait pas de moyens pour le lui remplacer ensuite d'une maniere qui lui serait avantageuse.

Mais comment demander de l'argent aux Actionnaires de la *Compagnie d'Occident*, auxquels on avait promis qu'avec la retenue de leur rente, d'abord pendant un an, & ensuite pendant neuf mois de plus, on leur mettrait en marche un Commerce lucratif, qui leur procurerait des *dividendes*, indépendamment de la rente qu'ils recevraient toujours par la suite avec exactitude ? Lorsqu'ils s'attendaient à partager entr'eux *des profits*, en exiger au contraire *des avances*, c'eut été les dégouter de cette entreprise dont on voulait *engouer* la Nation ; c'eut été couper le systême par la base.

Cette base chancellait déja. L'impuiffance de la *Compagnie d'Occident* fe ma-
nifeftait malgré tous les foins qu'on prenait pour la mafquer. Ses *actions* perdaient fur la Place. On ne pouvait donner à fes affaires une apparence affez
brillante pour lui procurer du crédit
que par un *emprunt* : & pour cet *emprunt*
même, il fallait du *crédit* : & la néceffité
d'emprunter une fois conftatée, pouvait
& devait naturellement anéantir le crédit , & rendre l'emprunt impòffible. La
conjonĉture était critique à tous égards.

On ne peut difconvenir que M. *Law*
ne fût un génie très fécond en expé-
dients & en reffources. Ce fut de cette
pofition embarraffante, qu'il tira les fuccès les plus brillants de fa finguliere opération. Il imagina de faire réunir la *Compagnie d'Occident* avec celles qui étaient
titulaires *des Indes orientales* & *de la Chine ;* de n'en former qu'une feule fous le
titre commun de *Compagnie des Indes;* &

d'accumuler fur cette Compagnie toutes
attributions diverfes dont avaient joui,
ou du jouir, celles dont elle tiendrait la
place. Il fentit que cette addition énorme
de *privileges exclufifs*, qui embraſſeraient
toutes les terres & les mers depuis *le
Cap de Bonne-Eſpérance* juſqu'au *Détroit
de Magellan*, montrerait ſuffiſamment la
néceſſité de former un nouveau capital,
pour profiter de tant de droits, que l'on
concédrait à des particuliers, comme
s'ils n'appartenaient pas indélébilement
à la Nation. Il conçut qu'un emprunt
alors deviendrait une opération naturelle, qui ne pourrait ni étonner perſonne, ni porter atteinte au crédit de la *Compagnie d'Occident*, lequel ſe trouverait
au contraire augmenté par la grandeur
du perſonnage qu'elle aurait à jouer,
par la multitude des privileges exclufifs
qu'elle réunirait, & par la quotité des
gratifications qu'ils attireraient ſur elle.

Jamais l'eſprit & l'art de la charlatan-

nerie, qui caractériferent prefque toutes
les opérations de M. *Law*, ne furent employés avec plus d'intelligence & d'a-
dreffe que dans cette occafion. Cet *Ecoffais* était digne d'être *Italien*. Il fit répandre fourdement & long-tems à l'avance,
par des émiffaires, le bruit de l'attribution
du privilége exclufif du Commerce des
Indes Orientales, & de celui *de la Chine*,
& de la *mer du Sud* à la *Compagnie d'Occident*, & exagérer les avantages que
retireraient ceux qui fe trouveraient actionnaires d'une Compagnie fi favorifée. Pour foutenir ces bruits, que des
gens, qui paraiffaient bien inftruits des
projets de l'Etat, ne confiaient d'abord
que fous le fecret & à leurs amis intimes, lefquels en faifaient bien-tôt la
confidence à d'autres intimes amis; M.
Law prit quelque tems après, & fit prendre par fes agens, des engagemens pour
payer dans trois mois au pair de l'argent des parties de *deux cents actions de*

la *Compagnie d'Occident*, & donner fur la totalité, *une prime de quarante mille francs :* ce qui affurait aux vendeurs un gain de *deux cents francs* par action de *cinq cents livres* de valeur nominale. Et ce gain était en effet de plus de *cent écus*, car lorfque M. *Law* & fes coopérateurs commencerent à le propofer aux Actionnaires de la *Compagnie d'Occident*, les actions de cette Compagnie ne valaient que *trois à quatre cents livres* au plus, au cours de la Place. Les efprits étant bien préparés par ces opérations qu'on avait grand foin de ne laiffer ignorer à perfonne, en affectant toujours de les rendre myftérieufes ; on vit enfin donner au mois de *Mai*, & paraître au mois de *Juin 1719*, l'*Edit* tant attendu, par lequel un fi grand nombre de privilèges exclufifs fi vantés étaient attribués à la *Compagnie d'Occident* fous le nom de *Compagnie des Indes*. Les difficultés que cet Edit éprouva à l'enrégiftrement, &

la manière *autocratique* dont elle furent levées, contribuerent encore à fixer les regards de la Nation fur une *Compagnie*, en faveur de laquelle fe faifaient les coups d'autorité les plus éclattans.

On avait eu foin de rédiger l'*Edit* de manière que l'emprunt qu'il ordonnait, & dont le befoin, ainfi que nous venons de le voir, était *urgent*, n'eût prefque pas l'air d'un emprunt. On lui donnait celle d'une *création* de *nouvelles actions*, & l'on infinuait qu'elle avait été demandée par la Compagnie elle-même. On lui *permettait* d'en faire *cinquante mille* nouvelles pour *vingt-cinq millions* payables en *argent comptant* & en *vingt payemens* à un mois les uns des autres. On employa encore un moyen hardi & fingulier pour faire regarder comme une faveur confidérable la participation aux nouvelles actions. L'Edit même du Roi ftatua, *article fix*, que les acquéreurs payeraient *comptant* & *d'avance* à la

Compagnie *dix pour cent* par forme de *prime* au-deſſus de la valeur réelle des actions. Il en réſulta, ce qu'on avait prévu & voulu, qu'au lieu de *vingt-cinq millions*, on retira de la vente de ces actions 27 *millions* 500 *mille l.* & qu'elles furent achetées plus promptement; le Peuple *badaut* s'imaginant qu'il fallait qu'une choſe qu'on vendait ſi cher eût effectivement un grand prix. Pour accréditer chez lui cette opinion, on déclara peu de jours après qu'on ne recevrait pas même la prime de *dix pour cent* de tout le monde, & qu'on n'admettrait avec elle, pour nouveaux Actionnaires, que ceux qui pourraient repréſenter *quatre fois* autant d'*anciennes actions* qu'ils en demanderaient de *nouvelles*. En paraiſſant ainſi vouloir rétrécir la concurrence, on l'excitait. C'était à qui ſe procurerait des anciennes actions qu'on nommait *les meres*, afin d'obtenir la préférence de la ſouſcription pour les nouvelles qu'on appellait *les filles*, & du payement des *dix pour cent* en fus. Le prix des anciennes actions augmenta beaucoup par cette recherche. Des gens qui avaient gagné confidérablement à revendre les leurs, en acheterent d'autres pour les revendre encore. Les *foufcriptions* occafionnaient le même agiotage. Sa vivacité fut encore excitée par les agents fecrets de M. *Law*. La rapidité des négociations qu'il entrainait facilitait l'emploi des *billets* que *la banque* commençait à répandre abondamment, & cet emploi les accréditait au point qu'ils valurent pendant quelque tems plus que l'argent. Toutes les opérations venaient ainfi au fecours les unes des autres, & contribuaient à égarer les idées & dérouter l'imagination d'une Nation qui était alors très profondement ignorante fur la véritable fource des richeffes, & fur les loix de leur multiplication & de leur diftribution. Ce qu'il y a de plus extraordinaire eft que, pendant le même tems, le même genre de délire gagnait l'*Angleterre*, au fujet de fa *Compagnie de la Mer du Sud*. Les deux Nations qui étaient les plus vaines, des lumières qu'elles croyaient avoir, étaient livrées à l'agiotage, & tous leurs Citoyens fe difputaient à qui payerait *au poids de l'or*, des papiers dont la valeur était prefque entièrement imaginaire.

Cependant l'emprunt de *vingt - fept millions* 500 *mille liv.* en argent, pour lequel on ne donnait dans les entreprifes de la Compagnie qu'un intérêt de *vingt-cinq millions*, fe faifait, par-là même, avec la plus grande facilité. Sur ces 27 millions 500 *mille liv.* on en prit environ *deux millions* pour faire acheter à la *Compagnie des Indes* le privilége exclufif de la *Compagnie d'Afrique*, & quelques effets qui avaient appartenus à cette derniere. Ce nouveau privilége qui apportait à la Compagnie la propriété du

Cap

Cap Négre, du *baſtion de France*, d'une grande étendue de terres, & tout le commerce de la Côte de Barbarie, avec exemption de droits ſur toutes les marchandiſes qu'elle tirerait des Etats de *Tunis* & d'*Alger*, pouvait ajouter à l'avidité des acquéreurs d'actions. C'était tout ce qu'on voulait pour le moment. Afin de rendre l'entrepriſe plus giganteſque, & par conſéquent plus impoſante aux yeux d'un Peuple mal inſtruit, on faiſait paſſer en achats de priviléges excluſifs des fonds dont le Commerce aurait eû le plus preſſant beſoin.

On prit *encore* ſur ces fonds *trois millions ſix cents ſoixante mille livres*, pour payer la dot de *Madame la Princeſſe de Modene*, & les Bulles du *Cardinal du Bois* (18).

---

(18) Voyez les ECLAIRCISSEMENS *ſur le Mémoire de M. l'Abbé Morellet*, &c. pag. 12, où le premier de ces deux articles eſt porté pour

G

Le payement des dettes des anciennes *Compagnies des Indes Orientales & de la Chine*, emporta *encore cinq à six millions*.

On en fit *encore* employer *six* autres en 1720, pour acheter le *privilège exclusif* de la *Compagnie de S. Domingue*, ses créances & quelques effets ; par-dessus le marché desquels on donna, car c'était la monnoie la plus réelle de ce tems, le *privilège exclusif du Commerce de Guinée à perpétuité*, & les établissements que l'ancienne *Compagnie de Guinée* formée en 1685 avait faits sur la Côte, lesquels étaient entre les mains du Roi depuis 1716, que ce Commerce avait été rendu libre. On y ajouta en faveur de la *Compagnie des Indes* une gratification de *treize francs* par chaque Négre qu'elle

---

deux millions neuf cent cinquante-cinq mille livres, & le second pour *sept cent cinq mille vingt-neuf livres.*

porterait dans ſes Colonies amériquai-
ne, & une autre de 20 *francs* par chaque
marc de *poudre d'or* qu'elle ferait entrer
dans le Royaume. Cette *poudre* était très
propre à éblouir *les yeux* des Pariſiens ;
mais il n'en réſultait pas moins, qu'après
toutes les diſtractions de fonds occaſion-
nées par tant d'achats de priviléges, &c.
il ne reſtait au plus, & en y comprenant
les *cinq millions quatre cent mille livres*,
qui devaient avoir été procurés par la
retenue de la rente des Actionnaires
qu'environ *quinze millions* pour entreprendre tout le Commerce d'Aſie, d'A-
frique & d'Amérique. Or, il arriva, que
de ces *quinze millions* même, on n'en
employa qu'une très petite partie à
l'objet auquel ils étaient deſtinés. Avant
qu'ils fuſſent achevés d'être reçus, cet
objet était déja oublié ; & on les engagea, comme nous le verrons dans le
Chapitre ſuivant, au payement d'une
répartition de prétendus bénéfices : ſur

G ij

le pied de *douze pour cent* du capital de la Compagnie, qui n'avait point donné, ni pu donner de bénéfice.

Auffi ces Commerces dont on formait une entreprife fi confidérable en apparence, fi petite ou fi nulle en effet, n'étaient-ils point l'objet véritable de la *Compagnie des Indes*. Les Actionnaires de cette Compagnie difent, dans le Mémoire qu'ils ont adopté, & qu'on attribue à M. NEKER, qu'*on leur a donné leurs priviléges exclufifs dans la vue du bien public*. Je le crois : mais cette vue n'était point alors l'exercice exclufif des différents Commerces dont on donnait le privilege à la Compagnie. A peine fongeait-on à ces Commerces en eux-mêmes. On ne voulait qu'accroitre exceffivement le crédit d'une Compagnie quelconque ; de façon qu'elle put *emprunter* principalement *aux Créanciers de l'Etat*, des fommes fuffifantes pour *prêter* à fon tour *à l'Etat*, de quoi *rem-*

bourfer ces mêmes Créanciers. Il était
affez vifible que cette prétendue maniere de rembourfer les gens avec leur
propre argent, ou avec le titre même
de leur créance changé de nature, ne
rembourferait effectivement rien. Mais
on envifageait; 1°. l'avantage de diminuer beaucoup les arrérages, attendu que le grand crédit de la Compagnie & la néceffité des remplacements
pour ceux qui auraient été remboursés,
lui feraient trouver de l'argent fur un
pied d'intérêt fort bas. 2°. Celui de
favorifer par la multitude des négociations l'emploi d'une quantité confidérable de *Billets de banque*; de foutenir ainfi la valeur de ces *billets* que le
Gouvernement pouvait multiplier à
volonté, & qu'il employait tant dans
fes remboursements qu'à donner beaucoup de gratifications à des gens favorifés, qui payaient auffi leurs dettes par
ce moyen. Ce n'étaient pas là certaine-

ment des opérations de Commerce ; car il s'en fallait tout qu'on n'y donnât *valeur pour valeur égale* ; mais c'était le grand objet & de *la banque*, & de la *Compagnie des Indes*.

On ne défapprouvera peut-être pas que je m'arrête un peu fur les détails de la façon dont on s'y prit pour remplir cet objet principal. M. NEKER a invité ceux qui voudraient écrire fur la Compagnie des Indes à fouiller dans les replis du fyftême de *Law*. C'eft-là, nous a-t-il infinué, qu'on trouvera leurs droits pour la confervation du privilége exclufif d'un Commerce, qui n'a pas moins contribué depuis à les ruiner, que ne firent alors toutes les opérations étranges dont on les rendit les Agens & les Entrepreneurs. On ne peut pas fe refufer à cette invitation. Une autre raifon femble encore m'obliger d'y céder. C'eft qu'il s'agit ici d'un des points de notre Hiftoire dont on parle le plus, &

qu'en général on connait & l'on comprend le moins : & cela par une raifon
d'autant plus naturelle , qu'il forme une
époque plus remarquable & plus finguliere dans l'Hiftoire générale des dangers de l'ignorance, & des travers & des
inconféquences de l'efprit humain abandonné à lui-même , fans lumieres fur
les Loix de la réproduction & de la diftribution des richeffes.

G iv

CHAPITRE III.

Du systême de Law : de la part qu'y eût, & du rôle qu'y joua la Compagnie des Indes.

LE fonds du systême que M. *Law* s'était proposé, & qu'il avait réussi à faire adopter par le Gouvernement, consistait à supposer & à attribuer à des *Billets* la valeur de la monnoie réelle ; à payer avec ces Billets toutes les dettes de l'Etat ; à rembourser toutes les Charges ; à faire face à toutes les dépenses qu'on jugerait convenables ; à retirer par leur moyen des sommes considérables en or & en argent, qu'on emploierait à des usages particuliers, pour lesquels, malgré la confiance publique, les billets sembleraient moins propres. Cela paraissait fort commode : car si de tels Billets eussent effectivement pu valoir de l'argent, comme on se l'é-

tait imaginé, le Gouvernement aurait
eu sous la main une mine inépuisable,
dont l'exploitation n'aurait pas été che-
re; un billet de *dix-mille francs* & un
de *dix francs*, ne coutant pas plus à fa-
briquer l'un que l'autre.

En se livrant à cette idée, on avait
été induit en erreur par l'exemple des
Lettres de Change, & autres Billets de
Commerce qui circulent comme de l'argent, & servent à solder une infinité
d'achats avant de revenir à celui qui
doit les acquitter. Mais presque personne n'avait fait attention que les
Lettres de Change & les autres obli-
gations commerçables n'ont de cours
& ne sont acceptées en payement,
qu'autant qu'elles représentent des dettes connues pour *solvables*, parceque ce
sont celles de Gens sur la richesse réelle
desquels on se confie; tellement que
lorsqu'on sait, ou même qu'on soup-
çonne, que les dettes exprimées par des

Billets de Commerce ne font pas *folvables*, perfonne ne veut plus de ces Billets, ils n'ont plus de cours, & ils perdent toute leur valeur. Si l'on eut pris garde à ce point, on aurait vu que les *Billets* avec lefquels le Gouvernement paraitrait payer des dettes *infolvables*, n'auraient point de valeur réelle ; qu'ils ne *folderaient* rien en effet ; & qu'ils ne feraient que fubftituer un engagement auquel on ne pourrait pas faire honneur, à un autre engagement pour lequel on était déja dans le même cas ; qu'ils ne pourraient donc offrir aucune bafe folide à la confiance, ni par conféquent fe *foutenir* par elle ; & que fi l'autorité y intervenait, & prétendait fuppléer à la confiance, elle répandrait une frayeur qui porterait tous les autres objets d'échange à des prix exceffifs relativement aux *Billets* ; ce qui réduirait à rien la valeur *fictive* de ceux-ci ; qui dès-lors ne pourraient plus être reçus dans la perception des impôts, & se trouveraient amenés par là au moment décisif de leur anéantissement.

M. *Law* avait confusément senti une petite partie de ces inconvénients. Mais sa tête romanesque voulait jouer un rôle. Il présumait trop des ressources de son génie, & du pouvoir du Gouvernement. Il méprisait les hommes ; & malheureusement l'ignorance & la précipitation qui faciliterent l'éblouissement des citadins, & les firent donner avec enthousiasme dans ses premieres opérations, semblerent justifier le mépris qu'il leur prodiguait. Il s'imagina qu'il pourrait toujours les tromper & entretenir leur illusion, à force d'astuce & d'opérations compliquées ; ou qu'à tout événement il les maitriserait comme de vils troupeaux, par le poids de la force qu'il aurait en main. Il ignorait que l'Administration perd sa force quand elle ne l'emploie pas à la protection des droits des hommes, & qu'elle néglige de l'appuyer fur la *réunion des intérets* de tous les membres de la fociété : feul principe de la fociété même, & de toute force publique. L'expérience lui prouva, ou peut-être ne lui prouva point, mais prouva du moins aux gens fages, que la fupercherie ne faurait avoir des fuccès conftants; qu'une richeffe imaginaire n'en peut pas fuppléer une réelle ; & que l'autorité n'a pas plus de pouvoir fur les valeurs que fur les faifons, que fur le tems des femailles & des récoltes, que fur les Loix phyfiques felon lefquelles renaiffent les productions & les richeffes.

Cependant, fi l'on ne peut fe diffimuler que dans le cours & à la fin de fes opérations, il ait été ébloui par fes premiers fuccès, & irrité, aigri, troublé par la chute prochaine & vifible de fon fyftême, au point de croire qu'on pou-

vait affurer de la valeur à ce qui n'en a
point, avec des Déclarations & des Arrêts du Confeil ; & *forcer* toute une Nation de donner fa confiance à ce qui
n'en méritait pas, ou d'agir, n'en ayant
aucune, comme fi elle en avait une
entiere : il faut avouer auffi que dans
le commencement il fut plus circonf-
pect, plus adroit, plus mefuré, plus
conféquent dans fa marche.

Il voulut d'abord réuffir par la confiance même. Il conçut qu'on n'en aurait
point du tout dans les *billets* de fa *banque* s'il en précipitait le débit, & s'il ne
leur offrait pas à mefure un emploi, pour
lequel ils puffent en effet être reçus
comme de l'argent. C'était en grande
partie pour cela qu'on avait élevé l'édifice de *la Compagnie des Indes*, à la caiffe
de laquelle on était fûr de faire prendre quand on le voudrait, tels papiers
que l'on voudrait. En même-tems que
l'achat de fes actions devait préfenter

un usage des *Billets de banque*, & des autres titres que possédaient les Créanciers du Gouvernement ; la confiance d'une Compagnie si accréditée, & même la préférence qu'on lui ferait donner à ces billets sur l'argent, devait en soutenir la valeur & empêcher ceux que l'on rembourserait *en papier* de se plaindre. Tel était le plan général de l'entreprise *dont on n'avait pas considéré la fin* : nous allons voir comment elle fut exécutée.

Dans l'histoire des manœuvres que M. *Law* inventa & dirigea, pour relever le crédit de la *Compagnie d'Occident* ; pour faciliter un emprunt de *vingt-sept millions cinq cents mille livres*, sur un engagement de *vingt-cinq millions* ; & pour donner par l'agiotage, qu'il avait su faire naître au sujet de cet emprunt, un plus grand usage aux *billets* de sa *banque* : on a déja pu remarquer tous les détails d'une mauvaise opération bien conduite. Mais cette opération n'était encore qu'à fon commencement. La *banque* jufqu'alors n'avait diftribué fes *Billets* qu'avec modération, & pour une fomme à-peu-près égale à celle à laquelle fe montait la quotité des *impofitions royales*. Or, comme tous les Receveurs des deniers publics étaient tenus de prendre ces *billets* pour *argent comptant*, le payement des impôts leur avait offert un débouché qui en avait foutenu la valeur, que l'agiotage des *actions* & les négociations foldées en *Billets de banque* qu'il entrainait, avaient accrue. Mais cet agiotage devait fe calmer, fi on ne l'entretenait par de nouvelles efpérances ; & celui qu'avaient occafionné les *cinquante mille actions* de l'emprunt néceffaire, pour monter le commerce de la *Compagnie*, ne fuffifait pas pour occuper tous les *billets* de toute efpece qu'on fe préparait à répandre, pour des fommes égales & même fupérieures

à la totalité des dettes de l'Etat. On profita donc de l'enthousiasme que les artifi-
ces de *Law* avaient provoqué en faveur
de la *Compagnie des Indes*, afin de faire
ouvrir de nouvelles souscriptions pour
de *nouvelles créations d'actions* de cette
Compagnie, à mesure que l'on faisait
quelques distributions de *billets de banque*. Chacune de ces nouvelles créations
d'actions fut motivée par une nouvelle
attribution de bénéfices, réels ou imaginaires, à la *Compagnie des Indes*. L'on
renchérit à chaque fois sur la méthode
de lui faire vendre ses nouvelles actions
pour un prix beaucoup plus considérable que la valeur de l'intérêt qu'elles
donnaient dans son Commerce. Et comme des vues particulieres se mêlaient
toujours aux vues générales, on saisis-
sait chacune de ces occasions pour assurer quelque petit avantage momentané
au fisc.

Le 25 Juillet 1719, on accorda à la
Compagnie

Compagnie des Indes le bénéfice de la
fabrication des monnoies pendant neuf
ans, à la charge que la Compagnie payerait au Roi *cinquante millions*, en quinze
payements égaux, à commencer au
premier *Octobre* suivant, & en conti-
nuant de mois en mois, jusqu'au premier *Décembre* 1720. A ce prix il n'y
avait pas dequoi gagner sur les monnoies, qui à moins qu'on ne fit beaucoup de refontes, inutiles en elles-mêmes, ruineuses pour le public, & quelque chose de plus, ne pouvaient pas
même rembourser en neuf ans, les *cinquante millions* qu'il s'agissait d'avancer
en quinze mois. Mais on eut l'art de
persuader au Peuple crédule, que ce
serait pour la Compagnie la source d'un
profit immense. Et cependant, afin de
se procurer les *cinquante millions* qu'on
avait promis au Roi, on ouvrit le 26
une souscription pour *cinquante mille
nouvelles actions* de *cinq cent livres* cha-

H

cune; en déclarant, qu'elles ne pourraient néanmoins être obtenues, que par ceux qui payeraient *pour chacune* d'elles *mille livres* à la Caiffe de la Compagnie, en efpeces ou en *Billets de Banque*, & qui repréfenteraient en même-tems *cinq fois autant* d'anciennes actions. Le concours des Acquéreurs fut extrême; ils appellaient ces actions de la troifieme création, *les petites filles.* Elles furent enlevées en peu de jours.

Pour redoubler l'empreffement, on promit une répartition de bénéfices, fur le pied de *douze pour cent* du capital de chaque action, payable moitié au premier Janvier fuivant, & l'autre moitié fix mois après. C'était *fix* pour *cent* du prix auquel on avait porté les actions, & qui était double de leur valeur, même *nominale.* Cette répartition était attrayante pour les ignorants : elle aurait été effrayante pour des gens inftruits. Elle devait employer *dix-huit millions.*

Pour y faire face on n'avait en per-
spective que *six millions*, provenants de
dix-huit mois de la rente des Actionnaires sur le Roi; & ces *six millions* même
furent bientôt réduits *à cinq* par le rabais
de l'intérêt auquel la Compagnie fut obligée de se prêter vis-à-vis du Roi, pour ne
pas devenir odieuse, dans le tems qu'elle
forçait les autres Créanciers de l'Etat
à souffrir ce rabais & pis encore. Il fallait donc supposer que moins de *dix mil-*
lions qu'on avait pu employer à un Commerce, du premier établissement duquel
il avait fallu faire toutes les avances,
ce qui même alors n'était pas achevé,
auraient déja donné plus de *douze millions*
de bénéfice. Cela était bien absurde : &
cela était cru par le public. Tant l'ignorance de l'ordre, des loix & des conditions naturelles, qui réglent la marche
& qui décident des succès de l'Agriculture & du Commerce, peut accréditer
des opinions inconséquentes & désas-

H ij

treufes ! Des gens qui n'auraient pas voulu avancer *deux fols* fur les *friches du Berri*, dans la crainte d'y perdre; fe flattaient que leurs avances, tant bien que mal faites *fur les friches de la Louisiane*, auraient, en un an, donné *cent cinquante* pour *cent* de bénéfice. On abufait de leur crédulité pour leur enlever leur argent, le patrimoine de leurs familles; & de la confiance du Gouvernement en lui faifant mettre fon fceau refpectable à des fables, à des illufions dont on devait enfin & très promptement être détrompé, par la ruine trop réelle de plus de la moitié de la Nation. Si, dans ces manœuvres honteufes, la *Compagnie des Indes*, qui en paraiffait le principal agent, avait été la maîtreffe de quelqu'une de fes opérations; fi elle n'avait pas été fimplement un outil fervile, guidé par la main imprudente & cruelle de *Law*, elle aurait acquis des droits éternels à la haine & au mépris

de tout bon Citoyen, de tout homme
juste & sensible. Il faut la plaindre d'a-
voir été forcée de vendre son honneur
& son crédit : mais il faut plaindre encore plus le reste de la France, qu'elle
a séduit indignement par les moyens
artificieux dont on l'a rendue complice.

Le 25 Août de la même année, cette
Compagnie qui venait d'engager au payement de sa répartition de *dix-huit millions* de prétendus bénéfices, les *quinze
ou seize millions* que même elle ne possédait pas encore, mais qui pouvaient lui
rentrer par le moyen de l'emprunt de
vingt-sept millions cinq cent mille livres,
qu'elle avait ouvert au mois de Juin
1719, & dont les fonds ne devaient être
remplis entierement qu'au mois de Février 1721 : cette *Compagnie* qui devait
au Roi pour prix de l'engagement du bénéfice des monnoies pendant neuf ans,
les 50 *millions* en *Billets de banque*, procurés par la vente des actions de la troisie-

me création : cette *Cempagnie* qui n'avait
par conséquent pour tout bien que *cent
millions* en *Billets de l'Etat* entre *les mains
du Roi*, & *neuf* à *dix millions* au plus
en vaiffeaux, en agrêts, en Forts,
en canons, en marchandifes, qu'elle
ne pouvait retirer de fon Commerce :
la *Compagnie*, dis-je, dans cette fituation, offrit de prêter au Roi *douʒe cent
millions*, pour rembourfer les rentes &
les charges fur les Aides & Gabelles,
fur les Tailles, fur les Recettes générales, fur le Contrôle des Actes, fur
les Poftes; les Actions fur les Fermes
générales, les Billets de l'Etat, les Billets de la Caiffe commune & les charges fupprimées ou à fupprimer. Elle demandait pour prix de ce fervice, *trois
pour cent* d'intérêt *de fes douʒe cents millions*, le bail des *Fermes générales*, qu'elle
offrait même d'augmenter de *trois mil
cinq cent mille livres*, & la prolongation
de tous fes privileges pendant cinquante
ans.

Ces propositions si peu convenables à sa fortune réelle, & qui dans un tems de réflexion eussent suffi pour décrier tout ce qui viendrait de sa part, redoublerent au contraire son crédit. Elles furent agréés par le Roi le *deux Septembre*, & les actions qui ne gagnaient alors que *deux cent* pour *cent* monterent tout d'un coup jusqu'à 7 & 8 *cent* pour *cent*. On croit lire un Conte de Fées. Et ce qu'il y a de sûr, est que si les Anglais, presque dans le même tems, n'avaient pas été saisis précisément de la même folie, pour leur *Compagnie de la Mer du Sud*, ils se mocqueraient bien de nous, & n'auraient pas tort. L'égarement de chacune des deux Nations contribuait encore à entrainer l'autre. Toutes deux s'autorisaient de l'exemple de leurs voisins. On n'entendait parler dans toute l'Europe commerçante, que de *Souscriptions*, & les profits de l'agiotage étaient regardés comme une mer im-

H iv

mense, dont on ne voyait ni le commencement ni la fin, mais dans laquelle l'avidité ignorante croyait toujours trouver à puiser & à s'assouvir.

Il parait que cet enthousiasme ridicule du Peuple *agioteur* contribua fortement à changer le projet de *Law* & du Gouvernement. La *Compagnie des Indes* avoit d'abord résolu d'emprunter par le moyen d'*actions rentieres*, ou de *contrats à trois pour cent* les 1,200 *millions* qu'elle offrait de reprêter au Roi sur le même pied. De cette maniere, il n'y aurait eu aucune banqueroute, *du moins pour cette partie* des dettes publiques ; le taux de l'intérêt en aurait seulement été licitement réduit à *trois pour cent.* Mais quand on vit que le Public était disposé à acheter des engagemens de la Compagnie des Indes à un prix infiniment au-dessus de leur valeur réelle, & nominale, & possible ; on crut pouvoir profiter de la circonstance & de son erreur. On prit pour règle de conduite cet axiome barbare, qui a fait à lui seul les trois quarts des malheurs du genre humain, *Populus vult decipi, decipiatur* : & l'on acheva d'affurer la révolution qui se préparait, par de nouvelles créations d'actions qui n'engageaient la *Compagnie* que pour un dixieme de leur valeur.

Ce fut le *onze septembre* qu'elle se détermina à ouvrir une quatrieme foufcription de *cent mille actions* toujours de *cinq cents livres*, & qui par conféquent la rendraient au total débitrice envers les acquéreurs de *cinquante millions*. Mais elle eut en même-tems, ou plûtôt *Jean Law* eut pour elle, le courage ou l'audace de ftipuler, qu'elle ne vendrait ces *cinquante millions* d'intérêt dans fes entreprifes, que moyennant qu'on lui payât *cinq cents millions*, fur le pied de *mille* pour *cent*, ou *cinq mille livres* en dix payemens égaux par chaque action de *cinq cents livres*. Elle arrêta feulement qu'elle ne recevrait en payement que des *billets de l'Etat*, des *billets de la caiffe commune des recettes générales*, des *actions fur les Fermes*, & des *récépiffés de fa propre caiffe*.

Par cet arrangement les Soufcripteurs perdaient le droit de répéter les *neuf dixiemes* du capital des effets qu'ils employaient à acheter des actions. Cependant les créanciers de l'Etat s'empreffaient de foufcrire, parceque ces actions gagnaient encore fur la place. Et des gens qui n'étaient pas créanciers de l'Etat, fe hâtaient de le devenir, en achetant très cherement des papiers royaux, pour profiter d'un marché fi extraordinaire. On donnait jufqu'à *onze mille livres* en or, pour *dix mille livres* en *papiers de l'Etat*, avec lefquels on fe dépêchait d'acheter deux actions de *cinq cents liv.* chacune ; & encore payait-on en fus des courtages confidérables. La confiance pour la Compagnie était fi aveugle qu'on préférait de perdre plus des *dix-onziémes* de son capital pour lui être associé avec le reste.

Sa quatrieme souscription était à peine ouverte : Elle n'avait pas encore reçu le premier des dix paiements de son emprunt de *cinq cents millions* sur ses actions de *cinquante* : Elle n'avait pu rien prêter au Roi : Et déja les rentes, leurs Payeurs & leurs Contrôleurs étaient supprimés, & le capital en était payé, ou soi-disant, avec du papier qu'on appellait *récépissés de remboursement*, qui renfermait l'engagement de fournir des actions rentieres à trois pour cent, dont le capital serait de la même valeur que celui des rentes & des offices supprimés.

Ces actions rentieres ne furent jamais délivrées. Au lieu de se borner à réduire la rente d'environ les *deux cinquiemes*, on trouva qu'il valait bien mieux supprimer les *neuf dixiemes* du capital, en prenant les *récépissés de remboursement* en payement

des *actions commerçantes* à mille pour cent.
Tandis que les autres Créanciers de
l'Etat perdaient fi confidérablement fur
leurs créances; que toutes les dettes publiques paraiffaient réduites à *trois pour
cent* d'intérêts; & que la Compagnie des
Indes fe prêtait à faire difparaître tout
leur droit aux *neuf-dixiemes* de leur capital; elle reftait feule avec fon capital
intact de *cent millions*, & pour lequel
elle recevait toujours fur le pied de *quatre* pour *cent* fa rente de *quatre millions.*
Cette différence pouvait infpirer contre
la *Compagnie* une jaloufie très jufte, on
pouvait fe rappeller, & beaucoup de
gens en effet fe rappellaient que les
fonds de ce capital lorfqu'il avait été
fourni au *Tréfor Royal* en *billets de l'Etat,*
valaient bien *nominalement* cent millions, mais que réellement ils en valaient à peine la moitié. M. de *Forbonnais* nous dit que lorfqu'on offrit aux
billets de l'Etat le débouché des *actions*

de la *Compagnie d'Occident*, ils perdaient
fur la place *cinquante pour cent* (19). L'Auteur des *Eclairciffements fur le Mémoire
de* M. *l'Abbé* MORELLET, qui fe pique
d'être bien inftruit des faits, nous affure
(pag. 16.) qu'ils perdaient *foixante &
dix pour cent*. Ce qu'il y a de conftant,
eft que les Propriétaires des *Billets de
l'Etat*, malgré la rente de *quatre pour
cent* qui leur était promife, n'auraient
pu s'affurer avec ces Billets aucun autre
revenu fur un taux auffi fort que *trois
pour cent*, & qu'ils les avaient pour la
plûpart achetés en conféquence.

C'eft certainement un grand mal que
les papiers qui expriment les engagements pris au nom du Public, foient
tellement décriés que perfonne n'ofe
s'en charger fur le pied de la valeur

_____

(19) Recherches & Confidérations fur les Finances, Tom. II. pag. 483.

réelle de la dette qu'ils conftatent. C'eft
encore un très grand mal que de *pren-*
dre au mot ceux qui ont acquis ces
effets à un prix au-deffous de la valeur
qu'on leur avait d'abord attribuée , &
de profiter ainfi du difcrédit *qu'on peut*
avoir provoqué. La foi publique devrait
toujours être facrée , même quand on
s'en ferait défié. Et dans les plus grands
malheurs on s'en défierait moins , fi elle
avait toujours été refpectée (20). Mais

---

(20) Il eft vrai auffi que tout doit fe tenir ; &
que pour qu'on ne fût jamais expofé au malheur
& à la honte de manquer aux engagements folem-
nels contractés au nom de la Patrie , il faudrait
que dans aucun cas la Patrie ne pût prendre des
engagements au-deffus de fes forces. Car il eft certainement abfurde & injufte , qu'une génération
puiffe vendre & dévorer la génération fuivante.
L'affociation publique qui conftituë le Corps politique , dont le Prince eft le Chef & l'Ad-
miniftrateur fuprême , n'eft *Co - propriétaire,*

le *visa* avait dèslors appris à faire, à
tout le monde des questions, qu'il se-

---

que de la portion du produit net nécessaire au
maintien des Loix & à la protection de la propriété. Elle n'en est Co-propriétaire qu'*à mesure que*
ce produit net renait, & sous la condition indis-
pensable de laisser aux possesseurs des fonds de
terre, une telle portion du produit net même,
que leur état soit le meilleur, dont on puisse jouir
dans la Société: sans quoi ces Propriétaires dédai-
gneraient l'entretien de leur patrimoine, & la
culture se dégraderait & l'Etat périrait. Mais cette
Co-propriété du produit net, est nécessairement
usufruitiere, puisque la jouissance du produit net
même, n'est qu'un usufruit. Si la puissance tutélaire pouvait aliéner sa part dans le produit net,
il s'ensuivrait qu'elle pourrait prendre tout le produit net: Car cette aliénation de la part de la puissance tutélaire, ne dispenserait pas la Société d'u-
ne nouvelle contribution pour le maintien de la
tranquillité publique; & de contribution en aliénation, & d'aliénation en contribution, tout le
produit net serait englobé. Alors la propriété des
Possesseurs des fonds deviendrait nulle, & la So-

rait à souhaiter qu'on eût toujours igno-
rées. Et depuis le *visa* même, la réduction

---

ciété serait dissoute. Mais la puissance tutélaire est
établie pour la conservation de cette Société, pour
la protection de cette propriété, pour assurer aux
possesseurs des fonds, la jouissance de leur produit
net. Elle ne peut donc avoir le droit, ni de prendre
tout le produit net, ni, ce qui reviendrait au
même, d'en aliéner la propriété future; puisqu'il
faut que la Société se conserve, & se conserve
dans tous les tems. Supposer à l'autorité suprême
dans la Société, le droit de disposer de tout le
produit net présent ou futur, ce serait supposer que
la puissance tutélaire aurait, au présent ou au futur,
le droit de se dispenser d'être tutélaire; ce serait
supposer que l'autorité établie pour la conservation de la Société, aurait le droit de dissoudre la
Société, & de s'anéantir elle-même. Cette idée
impliquerait la plus forte contradiction; elle ré-
pugnerait à l'essence des choses; elle contredirait
également le bon sens & la justice.

Quand on a eu le malheur d'oublier ces principes, on est hors de l'ordre; il n'y a presque plus
de régle qui puisse guider, même la bonne inten-

des

des intérêts était générale. Elle réful-
tait d'une opération de la *Compagnie
des Indes.* Cette Compagnie ne pouvait
donc s'y fouftraire. L'injuftice alors
aurait été dans l'exception. La *Compagnie* éprouva cependant une exception , favorable pour elle ; puifque les capitaux originaires des autres dettes de l'Etat furent exceffivement altérés & minés par l'effet même

---

tion. On flotte néceffairement entre des injuftices.
La néceffité du moment impofe la Loi ; tout ce
que l'Adminiftration peut faire , eft d'en égalifer
l'application. Tout le monde alors eft à plaindre ,
& l'on n'a le droit de blâmer perfonne. On n'aurait que le choix des plus grands malheurs , fi ces
circonftances extrêmes n'arrivaient pas toujours
dans le tems où le territoire prodigieufement dé-
gradé , laiffe à une bonne Adminiftration une infinité d'améliorations poffibles ; & par conféquent le
moyen d'accroître par degrés & pendant long-tems
les richeffes renaiffantes de l'Etat , dont l'augmentation progreffive peut mettre enfin à portée
de rétablir l'ordre peu à peu.

I

de ses opérations, tandis que son capital originaire demeura entier & intact; & puisque les attributions des divers privileges exclusifs qu'on lui avait donnés, & la multitude de gratifications considérables qu'on y avait attachées lui présentaient une compensation au-dessus de sa perte. Personne à beaucoup près n'avait été si bien traité. Aussi M. *Law* sentait-il bien que sa Compagnie indisposerait les esprits, si elle éprouvait visiblement une préférence à laquelle elle n'avait pas droit de prétendre. Et quand il lui eut assuré tous les dédommagements dont nous venons de parler, qui la mettaient, après la réduction, dans une situation beaucoup plus avantageuse que celle des autres Créanciers du Fisc; il voulut encore lui donner l'honneur du procédé, & l'engagea à demander elle même, ou plutôt il fit demander pour elle, par ses Directeurs, le 17 de Septembre 1719, que la rente de son capital fût réduite à *trois pour cent*, comme toutes les autres rentes l'avaient été, & que le profit de cette réduction d'*un million* de rente fût accordé en foulagement au Peuple fur diverses impofitions, qu'elle défigna (21). Une requête fi jufte & fi propre à concilier la bienveillance publique à la Compagnie, lui fut octroyée folemnellement.

Il eft aifé de comprendre delà, qu'on eft affez bien fondé à regarder tout ce que la Compagnie a reçu du Gouvernement, au - delà de l'intérêt à *trois* pour *cent*, des *billets de l'Etat* qui avaient formé fon capital, comme *une faveur* qui a été accordée au Commerce de l'Inde aux dépens de la Nation. L'AUTEUR de la *Réponse* adoptée par les Actionnaires de la Compagnie, ne peut donc pas faire un reproche férieux à M. l'*Abbé*

---

(21) Recherches & Confidérations fur les Finances, Tom. II. pag. 600.

Morellet d'avoir choisi l'époque de 1719, pour conftater leurs droits fondamentaux : ce qui au refte ne peut ni ne doit rien changer à leur fituation. Car, ainfi que M. l'*Abbé* Morellet lui-même l'a fort bien fait voir par fon fecond Mémoire, dans les affaires malheureufes & paffées, la rétroaction eft prefque toujours dangereufe ; & celle-là femble être une de celles où l'on doit dire, avec regret pourtant, *qui plus a mis, plus a perdu.*

A peine la démarche populaire de la Compagnie avait-elle eut le tems d'être connue du Public, qu'on profita de l'impreffion avantageufe qu'elle avait dû lui faire, pour créer le 28 Septembre, *cent mille* nouvelles *actions* de *cinq cents livres*, que la Compagnie continua d'être autorifée à vendre *cinq mille livres* chacune. Elles furent enlevées avec le même enthoufiafme que les précédentes. Toute la politique de M. *Law* fe bornait alors à chercher quelque nouvelle attribution pour la donner à la *Compagnie des Indes*; afin d'entretenir & de redoubler s'il était poffible cet enthoufiafme, qui ne pouvait fe calmer fans s'anéantir, & fans anéantir en même-tems le débit des actions, l'emprunt, les remboursements, les récépiffés, les Billets de banque, toutes ces grandes opérations élevées en l'air, & qui y flottaient pouffées par l'agiotage, comme une bouteille de favon, par le foufle d'une troupe d'enfans animés au jeu.

On lui adjugea le bail des Gabelles & Domaines de l'Alface & de la Franche-Comté. Et le *deux Octobre* on autorifa la *Compagnie* à ouvrir une *fixieme* Soufcription par laquelle elle emprunterait encore *cinq cent millions* fur *cent mille actions* de *cinq cents livres* chacune, comme les précédentes, & qui, non plus qu'elles, ne l'engageaient en totalité que pour *cinquante millions.*

A cette époque, le fonds de la *Compagnie des Indes* était de *six cent mille actions*, de *cinq cents livres* chacune : ce qui faisait au total *trois cent millions*, qui avaient été fournis dans l'ordre & de la maniere qui suivent.

Premiere Création.

Deux cent mille actions, qu'on appella dans la suite, *les meres*, payées *au Trésor royal* en *Billets de l'Etat*, pris à leur valeur *nominale*, quoiqu'ils perdiffent au moins *cinquante* pour *cent.*

Seconde Création.

Cinquante mille actions, payées à la Caiffe de la Compagnie en *argent comptant*, avec une prime de *dix* pour *cent* en *fus* : ce furent celles qu'on nomma *les filles.*

Troifieme Création.

Cinquante mille actions, que le Public

défigna par le nom *des petites filles*, payées à la caiffe de la Compagnie, principalement en *Billets de banque*, avec prime de valeur égale à l'action.

Quatrieme, cinquieme & fixieme Créations.

Trois cents mille actions, qui furent les *arriere-petites filles*, payées à la caiffe de la Compagnie, en toutes fortes de *Billets & de Papiers royaux*, avec prime de *neuf fois en fus* la valeur de l'*action*.

Ainfi la Compagnie avait reçu, ou était *cenfée avoir reçu* du Public *un milliard fix cent foixante & dix-fept millions cinq cent mille livres*, dont *vingt-fept millions & demi* feulement en argent comptant, & le refte en *Papiers* de toute efpece, fur fes engagements de *trois cents millions*.

Ainfi elle avait fait & déclaré dans des formes légales, à plus de la moitié de fes Actionnaires, une banqueroute

I iv

de *treize cents soixante & dix-sept millions & demi* de capital (22), sans que personne y prît garde, & si l'on peut employer cette expression pour une telle manœuvre, *à la satisfaction du Public & des Intéressés.*

Ce qu'il y a de singulier, est que parmi ces intéressés, le Roi lui même se trouva l'être pour *un sixieme*, & les Directeurs pour un autre *sixieme.* Et c'est

---

(22) Je dis seulement *de capital :* parceque nous allons voir plus bas que le Roi restait chargé d'une *rente* d'environ *un & demi* pour *cent*, envers les Actionnaires qui avaient fourni ce capital, qu'ils ne pouvaient plus exiger. En supposant que le Roi eût remboursé la Compagnie, ce qui n'était ni possible ni vraisemblable, ces Actionnaires qui avaient fait presqu'entierement les fonds, n'auraient retiré pour leur part que la moitié des *treize cents soixante & dix-sept millions ;* & ils auraient toujours essuyé une banqueroute de près de *sept cents millions*, dont les anciens Actionnaires auraient profité.

un fait qui prouve qu'il n'y avait que les *deux tiers* des actions qui eussent été véritablement *acquises*, par ce qu'on peut appeller *le Public*.

On n'avait pas compté d'abord pouvoir lui vendre tant d'actions, ni si cherement, & c'est pourquoi la Compagnie n'avait offert que *douze cents millions* au Roi, dans le tems où elle n'en possédait que *cent*, que le Roi même avait déja entre les mains. Après que les souscriptions des trois dernieres créations d'actions furent enlevées, on reconnut qu'il y aurait un mécompte apparent, si elle n'en prêtait pas *quinze cents* en *papier*. Elle les offrit ; on les accepta ; & pour l'intérêt de cette somme, on lui passa le 12 Octobre un Contrat sur les Fermes de *quarante-cinq millions* de rente, qui joint à celui de *trois millions* qu'elle avait déja, la constituait annuellement créanciere de l'Etat pour *quarante-huit millions.* Cette rente se répartiſſait ſur toutes les actions, de ſorte que les anciens Actionnaires de la *Compagnie d'Occident*, & ceux de la *ſeconde* & de la *troiſieme création*, profitaient au détrîment de ceux des *trois dernieres*, de la moitié de la rente acquiſe avec les *Papiers* que ceux-ci avaient fournis.

Chacun des Actionnaires ſe trouvait rentier de *quatre-vingts livres*. C'était beaucoup pour des actions qui dans leur origine ne valaient qu'à peine *cinq cents francs*. C'était bien peu pour celles que la Compagnie avait vendues *cinq mille francs*, & que les particuliers ſe revendaient les uns aux autres plus de 10,000*l*.

Le profit qu'on pouvait eſpérer outre *la rente* de ces actions, achetées ſi cherement, dépendait d'un Commerce preſque nul, & de quelques entrepriſes de Finance. Il était impoſſible qu'il fût jamais en proportion avec le prix des actions, & par conſéquent que ce prix ſe ſoutint. Cependant on voulait entretenir l'illufion & l'agiotage qui en était la fuite ; parceque les grandes opérations, c'eft-à-dire les énormes diftributions de *Billets de banque*, n'étaient pas encore achevées. On n'en avait jufqu'alors fabriqué, en vertu d'Arrêts du Confeil, que pour *fix cents quarante millions*. On en fit alors pour *trois cents foixante millions*, afin de completter la fomme d'*un milliard*, à laquelle on annonça qu'ils demeureraient bornés. Et depuis on rendit divers Arrêts qui ordonnerent de nouvelles fabrications montantes à plus de *dix-fept cents millions*. Il s'en était fait d'autres d'après des ordres particuliers, & peut-être même fans ordre (23). On ne pouvait offrir, à tant de *monnoie*

---

(23) Voyez la Requête préfentée au Roi, par la Compagnie des Indes, le *trois Avril* 1721, & l'Arrêt du Confeil du *fept Avril* de la même année, dans lequel cette Requête eft rapportée tout au long.

idéale, d'autre emploi que l'achat des
actions, dont l'excessive valeur n'était
guere moins *idéale*. On chercha donc
toutes sortes de moyens pour soutenir
encore quelque tems cette valeur imaginaire. On ajouta à toutes les entreprises dont la *Compagnie des Indes* était
surchargée, les *Recettes générales*, à la
place des *Receveurs généraux des Finances*, dont les Offices avaient été supprimés & remboursés en papier.

Malgré ce nouveau coup de piston,
qui devait grossir encore *les outres pleins
de vent* de la Compagnie, & redoubler
par-là l'enthousiasme des Parisiens ; cet
enthousiasme manqua tomber tout-à-
coup, & beaucoup plus vite qu'on ne
voulait, par l'effet d'un accident que je
ne rapporterai que pour donner une
idée des détails intérieurs de l'Administration de la *Compagnie des Indes* dans
ces tems de cupidité effrenée. Les principaux Actionnaires étaient des gens

favorifés, qui avaient foufcrit pour des
fommes immenfes, afin de s'enrichir
par l'agiotage. Il leur était impoffible
de faire honneur aux payements fuc-
ceffifs auxquels ils s'étaient obligés par
leurs foufcriptions, fans vendre promptement une partie de leurs actions pour
acquitter les autres (24). Tant d'offres
de ventes à la fois auraient néceffairement fait baiffer les prix. La premiere
baiffe eut amené les réflexions, & les
réflexions auraient renverfé l'édifice.
Par un Arrêt du 20 Octobre, on proro-
gea le terme du payement des foufcriptions aux mois de *Mai* & de *Juin* de
l'annnée fuivante.

Ce tems gagné pour les Agioteurs,
ranima toutes les manœuvres par lefquelles ils cherchaient à fe tromper ré-
ciproquement. Le bruit des fortunes

_____

(24) Recherches & Confidérations fur les Finances, Tom. II, pag. 603.

qu'ils faifaient féduifit une infinité d'autres gens. Tout le monde voulut agioter,
& agiota , fans fonger au terme définitif
qui devait inévitablement fuivre tant
d'encheres & de négociations fans bafe.
L'ignorance générale permit à tous les
ordres de la Nation de fe livrer à l'avidité
la plus déraifonnable , & la plus défor-
donnée ; & cette avidité même , épaiffif-
fait les ténebres de l'ignorance. L'efprit
national fut avili pour un tems. Des familles les plus illuftres oublierent les foins
de leur patrimoine & de leur dignité ,
pour faire des *comptes en banque*. Les
plus belles terres furent vendues pour
les échanger contre du *papier*, & ce papier contre d'autre. Dans les accès de
ce délire inconcevable & très *ignare-
ment* intéreffé , les actions de la Compagnie des Indes , qui ne l'engageaient
que pour *cinq cents francs* de capital , &
l'Etat pour *quatre-vingts livres* de rente,
fe payerent jufqu'à *dix - huit* & *vingt
mille livres*.

Ceux qui tenaient les rênes, prévoyaient bien que cet emportement ne
ferait pas de durée, ils en profiterent
feulement pour répandre plufieurs *mil-
liards* en *Billets de Banque*. On tâchait
de foutenir l'idée que les Agioteurs favorifés avaient déja accréditée pendant quelques inftants, dans la rapidité
de leurs *virements de parties*, que ces
billets valaient mieux que les efpeces.
On multiplia les variations dans les
monnoies & dans la valeur *numéraire*
de l'or & de l'argent. Ces inutiles
& dangereufes variations favorifaient
les manœuvres de l'agiotage, parcequ'elles apportaient ou étaient cenfées
apporter quelques profits à la *Compagnie
des Indes*, à caufe de l'engagement des
monnoies & de l'affinage, dont elle était
en poffeffion : & elles induifaient le
Peuple à porter fon argent *à la Banque*,
& à prendre à la place des *Billets*, dont

on l'affurait que la valeur ferait à jamais *invariable*. Ainfi l'on contrevenait
à la fois à deux loix de la nature : en
déclarant que les métaux qui ont, par
eux - mêmes, & en raifon de leurs
propriétés ufuelles, une *valeur réelle*,
ne pourraient cependant pas *jouir* de
cette *valeur ;* & que des chiffons de papier, dont la *valeur réelle* était nulle,
jouiraient conftamment de telle *valeur
imaginaire* qu'il plairait à l'autorité de
leur impofer. La Nation avoit alors fi
peu d'idées fur l'ordre, & fur les loix
naturelles, que cela ne lui paraiffait
point extraordinaire.

Pour entretenir l'erreur, encore prefque générale, on ordonna à la *Compagnie des Indes*, qui était toujours le grand
fantôme dont les mouvemens fafcinaient
les yeux du Public, de faire tous fes payemens au *Tréfor royal* en *Billets de banque.*
Et comme elle était chargée de lever toutes

tes les impofitions, on lui permit d'exiger de même que tous les contribuables
la payaffent en *Billets.*

On trouva bientôt que cet appas
ne fuffifait pas pour attirer, auffi vite
qu'on le voulait, à la *Banque,* la meilleure partie de l'argent de la Nation.
Quelques Genêvois, quelques Alle-
mands, & quelques Hollandais, plus
éclairés que les Français & que les Anglais, commencerent à voir très nettement que les actions de la *Compagnie des
Indes* ne pouvaient fe foutenir à un prix
qui n'avait aucun rapport avec les profits, plus que médiocres, que les affaires de cette Compagnie pourraient procurer à fes intéreffés. Ils remarquerent,
avec affez de juftefie, que le Gouvernement, par fes opérations arbitraires
fur les valeurs, n'avait accru ni la richeffe de la Nation, ni la fienne; qu'il
n'était donc pas plus en état de payer
fes dettes qu'auparavant; que tout au

K

contraire il pouvait moins y faire hon‑
neur que jamais, puisque s'il paraissait
avoir diminué les arrérages, il avait
considérablement augmenté la masse
totale de ses dettes, & sur‑tout celle de
ses dettes exigibles, par la multitude de
Billets que la *Banque royale* avait ré‑
pandus, & qu'elle était tenue de re‑
prendre & de solder *en especes*, dès qu'on
les représenterait à sa caisse. Ils conçu‑
rent que cette caisse ne pourrait subve‑
nir à tant de payements, quand même
elle aurait en dépôt tout l'argent de la
Nation. Ils savaient que tout cet argent
n'avait pas été apporté à la caisse de la
banque ; & se doutaient encore que
tout celui qui y était entré n'y était pas
demeuré : puisqu'il n'y aurait eu aucun
motif d'attirer cet argent de toutes les
caisses des particuliers dans une caisse
publique, pour l'y laisser oisif. Car en
ce cas il eût été encore plus profitable
à *Jean Law* & au succès de ses vues de

laisser cet argent à ses premiers & légitimes possesseurs. Ces étrangers s'occuperent donc sérieusement *à réaliser* les fonds *imaginaires* dont leur Commerce les avait obligés de se charger dans le Royaume. Les uns se mirent à acheter avec leurs *Billets de banque*, tout ce qu'ils purent en marchandises. Les autres, présenterent à la *Banque royale* un grand nombre de ses *Billets* à rembourser *en especes*, comme elle s'y était engagée. On ne put opposer à ces demandes, qui épuisaient la *Caisse* & qui devaient promptement dévoiler son impuissance, qu'un Arrêt du Conseil qui *ordonnait* que les *Billets de banque valussent* cinq pour cent de plus que l'*argent comptant*; qui déclarait qu'à ce prix la Banque en fournirait par tout le Royaume; qui permettait à tous les particuliers de les négocier entr'eux *à tel plus haut prix qu'ils jugeraient à propos*; qui défendait d'employer dans les payements plus de *dix livres en especes* d'argent, & plus de *trois cents livres en espèces d'or*, à moins qu'on ne payât *cinq pour cent* en *fus*; qui autorisait la *Compagnie des Indes*, chargée alors de la recette entiere de l'impôt, à exiger cette prime de *cinq pour cent* de tous les contribuables qui payeraient en especes; & qui prescrivait aux Négociants de *solder* toutes leurs Lettres de change en Billets de banque. Toutes ces Loix inexécutables, que le Visir le plus absolu, du Despote oriental le plus arbitraire, n'aurait jamais osé prononcer, avaient pour objet d'*engager* la plupart des Citoyens à porter leur argent aux Caisses de la Banque, par l'appas de l'agiotage qu'on leur faisait entrevoir, & dont avait trouvé les Parisiens si avides. On voulait les y *obliger* en leur rendant les *Billets de banque* nécessaires pour tous les payements de quelque conséquence. Et l'on voulait sur-tout autoriser indirectement la Banque à refuſer le rembourſement des parties de Billets conſidérables, ſous prétexte qu'il était défendu de payer plus de *dix francs* en argent & *cent écus* en or. Mais on ne prenait pas garde qu'avec l'Arrêt qui préſentait de telles diſpoſitions, on *affichait* l'impoſſibilité où ſe trouvait la Banque de faire honneur à ſes engagements; & l'on apprenait aux Citoyens à mépriſer des Loix qu'on n'aurait pas dû leur preſcrire, qui attaquaient leur droit naturel & leur liberté, & auxquelles on ne pouvait les faire obéir. Il devenait manifeſte pour le Peuple le plus imbécile, que malgré l'Arrêt du Conſeil, ſon argent valait mieux & beaucoup mieux que les *Billets*; puiſque la *Banque royale* voulait le prendre & ne le pas rendre. Il était donc tout ſimple que tous les Citoyens ſe miſſent à raiſonner comme la Banque; à garder à ſon exemple l'argent, & à ſe défaire des *Billets*. Auſſi chacun fut-il d'accord,

en dépit de l'Ordonnance, pour échanger les Billets *à perte* contre des *efpeces*,
bien loin d'en exiger la primeprefcrite par
le Gouvernement. Les Négociants continuerent à payer leurs Lettres de change
en argent ; car la fidélité à leurs engagements étant la bafe des fuccès de leur
profeffion, toute loi qui leur enjoindra
d'y manquer fera une loi violée, tant
que le Commerce fubfiftera. Tout le
monde s'empreffa d'acheter des marchandifes de toute efpece, & » les Mar-
» chands *s'obftinerent*, » dit M. *de Forbonnais* (24), » à vendre le double, »
(c'eft-à-dire *à un prix double*) » quand le
» payement s'en faifait en Billets». Leur
obftination était très bien placée ; on aurait pû l'honorer du titre de fageffe. Elle
ne fit qu'augmenter chaque jour : & les
prix en *Billets* continuerent à hauffer tout
naturellement, à mefure qu'on s'apper-

(25) Recherches & Confidérations fur les Finances, Tom. II. pag. 609.

cevait du peu de fonds qu'il y avait à faire fur ceux ci.

Les *actions* de la *Compagnie des Indes* baiffaient néceffairement avec la confiance du Public dans les opérations de *Law*. On entreprit de les arrêter dans leur chute avec un grand moyen, qui devint ridicule & impuiffant par fa grandeur même. On promit une répartition de bénéfices. Mais il ne s'agiffait plus du fimple objet de 18 *millions*, qu'on avait déja promis fans avoir de quoi les payer ; ni même d'y ajouter les 48 *millions* de la rente que le Roi s'était obligé de faire à la *Compagnie* pour l'argent qu'elle avait ou qu'elle paraiffait lui avoir prêté. On annonça une répartition de *cent vingt millions* pour le cours de l'année 1720. C'était encore trop peu pour fournir un intérêt qui eût la moindre proportion avec le prix auquel on avait porté les actions, & qui par conféquent pût foutenir ce prix : c'était beaucoup trop pour les

K iv

facultés de la Compagnie. Auffi l'année
1720 était à peine commencée que
perfonne ne comptait plus fur cette
répartition. *Law* pour en prouver la
poffibilité exagérait tous les articles de
profit que la Compagnie pouvait avoir,
& le total de ces exagérations ne formait encore que *quatre-vingt onze millions.* Mais il ne parlait pas de fa véritable reffource qui était une fabrication
de *Billets de banque.* De cette façon, il
eût pû promettre auffi aifément une répartition de *douze cents millions,* s'il n'eût
craint de choquer trop groffierement la
vraifemblance.

Son intention cependant n'était pas
d'employer tout fimplement *trente ou
quarante millions* en *billets,* à fuppléer à
ce qui manquait aux fonds néceffaires
pour fa répartition. Les idées les plus
fingulieres entraient toujours dans la
tête de *cet homme.* Il ne favait marcher
à fon but que par les moyens les plus

extraordinaires & les plus compliqués. C'était en dépaysant les esprits qu'il se flattait de les conduire. Il fit ouvrir à la *Compagnie des Indes* un bureau, dans lequel on changeait à la volonté des demandeurs les *actions* en *billets de banque*, & les *billets de banque* en *actions*. Il pensait que tous les gens qui auraient des dépenses journalieres à faire, & qui n'y pourraient pas employer les *actions*, parcequ'elles étaient d'un trop haut prix, en viendraient demander *la monnoie* en *billets*, dans l'espoir de reprendre ensuite leurs *actions* en rapportant les *billets* quand ils le jugeraient à propos. Il comptait par-là tenir toujours en dépôt à la caisse de la *Compagnie* deux cents mille actions auxquelles on ne payerait point de dividende; de sorte que *quatre-vingt millions* suffiraient pour payer aux actions qui resteraient dans le commerce, leur part des *cent vingt millions* qu'on leur avait promis.

Ce chemin était le plus long & devait couter *en Billets* une somme plus de *vingt fois plus forte* que l'autre ; mais il fut préféré , parcequ'il était plus obscur.

La *Compagnie* en vertu de cet arrangement , acheta à ses propres actionnaires pour environ *neuf cents millions* d'actions. Cette opération est d'autant plus remarquable que la *Compagnie* n'avait aucuns fonds pour faire cet achat ; puisqu'elle avait prêté au Roi les *quinze cents millions* de la vente de ses actions des trois dernieres créations , & qu'avant cette époque elle n'avait pas *dix millions* à sa disposition. La collusion était donc évidente , on ne pouvait s'y tromper. La *Compagnie* n'avait pû payer ces actions , qu'avec des *billets,* qu'elle n'avait point acquis ; & que *la banque* lui avait donc donnés gratuitement. Mais dès qu'il était prouvé que la *banque* donnait des *billets* gratuitement, & pour des sommes si considérables , il était pareillement manifeste qu'elle ne pouvait pas avoir en caisse de quoi y faire honneur. La grande finesse de *M. Law* tournait donc au détriment de ses opérations générales. Il hâtait le décri de *sa banque*, pour soutenir une manœuvre qui le mit à portée de paraître fournir un *dividende* plus fort aux actions de la *Compagnie des Indes.*

C'est une chose encore qui doit paraître singuliere à mes Lecteurs que la conduite d'une *Compagnie* qui achete les *actions* de ses *Actionnaires.* La *Compagnie des Indes* a plusieurs fois fait des acquisitions de ce genre. Et c'est un des faits qui prouve que la *Compagnie* proprement dite, n'a jamais résidé dans le *Corps des Actionnaires*; mais seulement dans leur *Administration* qui a traité avec les actionnaires comme avec de simples bailleurs de fonds. Cette observation deviendra importante, quand nous en ferons à l'examen des changements qui

viennent de se faire au sujet de cette
Compagnie, & de l'abolition de ses
Priviléges exclufifs.

Elle n'avait garde alors de songer
beaucoup à ces priviléges. Celui de ca-
cher sa misere, son impuiffance & la
part qu'elle avait aux manœuvres par
lefquelles on avait féduit le Public,
eut été celui qui paffagerement lui aurait été le plus profitable, & furement le
plus précieux. Mais elle ne devait pas
même jouir de cet avantage. Il fallait
qu'elle fubit le fort qui menaçait la *banque ;* & qu'elle partageât avec elle le
dédain & les reproches de la Nation,
dont elle avait plus que la banque encore excité l'enthoufiafme, qui ne
pouvait plus du tout fe foutenir. *Law*,
comme nous venons de le voir, en
avait précipité la chute, en voulant
adoucir celle de la *Compagnie des Indes*.
C'était en vain : le Public revenu de
fon éblouiffement, fe dégoûtait des *ac-*

tions, en même-tems qu'il reconnaissait
la véritable valeur, ou plutôt la *nullité
de valeur*, des *billets*. Il offrait ceux-ci, à
très grande perte, à qui voulait s'en charger. Et comme on forçait de les recevoir en payement, le prix de toutes les
marchandises paraissait *décuplé* ; parceque les vendeurs le haussaient, en raison
du danger qu'ils prévoyaient de n'être
jamais remboursés des *billets de banque*.
Ceux qui en possédaient beaucoup les
partageaient en petites sommes, qu'ils
envoyaient recevoir en espèces à la
Banque, par différentes personnes de
confiance. La Banque payait ces petites
sommes le plus lentement qu'elle pouvait : sa lenteur redoublait les inquiétu-
des & l'empressement du Public.

Ce fut pour s'opposer à cet empressement, qu'on rendit ces Arrêts étonnans
(26), qui ordonnaient à tous les Sujets de

(26) Ces Arrêts font du 28 Janvier & du 27
Février 1720.

porter leur or & leur argent aux Hôtels des Monnoies, pour y recevoir en échange des *billets de banque* ; qui y contraignaient les *dépositaires* de deniers à peine d'en répondre en leur propre & privé nom ; qui défendaient de garder chez soi aucune somme en *or*, & plus de *cinq cents livres* en argent ; qui permettaient à la *Compagnie des Indes*, comme chargée des monnoies, de faire des visites dans toutes les maisons des Citoyens ; qui adjugeaient les *especes* saisies au *dénonciateur* ; qui furent cause qu'un fils accusa son pere (27), d'avoir conservé de quoi lui donner du pain !.... Il faut supprimer toutes les Réfléxions.... On sent assez que dans un siecle & dans un pays éclairés, de tels Arrêts auraient excité des réclamations très vives. Mais aussi personne n'aurait jamais osé ni pu

(27) Recherches & Considérations sur les Finances, Tom. II. pag. 612.

suggérer de tels Arrêts dans un siecle & dans un pays éclairés.... Le défaut d'instruction était alors si général, que la partie même la plus studieuse du public ne savait, non plus que *Law* & que la *Compagnie des Indes*, quelles sont les bornes du *licite* & de l'*utile*, quelles regles la *nature* impose à la *société*, quels *droits* & quels *devoirs* en sont la base.

A peine quelques gens commençaient à entrevoir seulement les propriétés relatives de l'argent & du papier. Les violences inquisitoriales acheverent de leur dessiller les yeux. La chute des *actions* & des *billets* fut aussi rapide, que la confiance qu'ils avaient inspirée avait été déraisonnable. Vainement on voulut ranimer celle-ci en donnant encore *la banque* à la *Compagnie des Indes*. C'était le *nec plus ultrà* des attributions qu'elle pouvait recevoir. Le tems était passé, où ces attributions tournaient la tête des *Parisiens*. Elle fit une création d'actions rentieres à *deux pour cent.* Mais ces actions dont la totalité devait se monter à *cinq cents millions*, ne furent point achetées. Elle ouvrit, par forme d'appel, des emprunts, qui ne furent pas remplis. Il fallut bientôt fermer ses Bureaux, & la débarrasser de tant d'entreprises de Finance qui n'ajoutaient plus à son crédit. Elle éprouva comme le reste de la Nation, après le rêve le plus absurde, le réveil le plus douloureux.

La multitude de titres de créance sur l'Etat, qui existaient alors dans le public sans circulation, sans valeur, sans usage, & qui ne servaient qu'à exciter les regrets inutiles de leurs possesseurs, parut exiger *un second visa.* Il commença en 1721, quatre ans après le premier. Ses opérations employerent environ deux ans ; & quand il fut achevé, il se trouva que, malgré tant de remboursements & de réductions, la masse des dettes de l'Etat était augmentée : ce qui constate

les

les déprédations énormes qui souillèrent l'administration de *Law*.

Dans ce second *visa*, les actionnaires de la *Compagnie des Indes* furent à peu-près réduits à la valeur des engagemens que cette *Compagnie* avait pris vis-à vis d'eux, lors de la *création des actions*. Ils auraient pû s'y attendre dès le commencement. Il leur parut cependant qu'ils avaient en cela été traités moins favorablement que le reste de la Nation. Ce fait est encore problêmatique. Nous verrons, dans le Chapitre suivant, qu'ils obtinrent des dédommagemens dont les autres Citoyens furent privés. Ceux-ci disaient assez hautement alors, que la situation de la Compagnie des Indes était moins triste ; qu'elle avait beaucoup gagné dans les diverses entreprises dont elle avait été chargée ; & que ses *Actionnaires* avaient partagé entr'eux des bénéfices considérables, tandis que le reste de la Nation, victime uni-

L

quement passive de toutes ses opérations, méritait par-là même plus d'égards. On disait encore, que s'il y avait beaucoup d'*Actionnaires* qui le fussent *à titre oné-reux*, il y en avait beaucoup aussi qui l'étaient *à titre très avantageux*. En effet, l'empressement du Public pour se défaire des actions, lors de la chute du système, avait été tel, que la valeur s'en était trouvée totalement anéantie. *M. de Forbonnais* rapporte » que les » actions qui sur le pied de la fixation » représentaient *treize mille cinq cents* » *livres*, » (& qui s'étaient vendues jusqu'à *dix-huit* & *vingt mille francs*) » se négociaient publiquement pour » *deux mille livres* en Billets de Ban- » que, qui perdaient *quatre-vingt-dix* » *pour cent*; de sorte qu'on n'en re- » tirait pas *deux cents livres* en espe- » ce (28) ». Il ajoute que » cette baisse

___

(28) Recherches & Considérations sur les Fi-nances, Tom. II. pag. 638.

» prodigieuſe augmenta encore, de
» maniere qu'on raconte qu'une action
» ſe vendit un louis-d'or ». L'Auteur
des *Mémoires pour ſervir à l'Hiſtoire générale des Finances*, dit pag. 84, » qu'une
» perſonne contemporaine lui a aſſuré
» avoir vendu, dans ce tems-là, deux
» actions pour ſix francs chacune ».

On voit delà que les actions ayant
été beaucoup plus décriées que les autres effets, il y avait quelque eſpece de
raiſon de les traiter moins favorablement que ces autres effets, qui avaient
entre les mains de leurs Propriétaires
une valeur plus réelle. Il eſt vrai qu'on
avait provoqué ce diſcrédit par une
foule d'opérations arbitraires, inconſé-
quentes, violentes; mais où l'ignorance
avait encore plus de part que la mau-
vaiſe foi. Au reſte, Dieu nous préſerve
d'avoir *ſeulement l'idée* de juſtifier aucune des démarches que les circonſtan-
ces arracherent à l'autorité, dans ces

L ij

tems de trouble & d'un défordre affreux qui l'ont défolée elle-même. Il est des époques de malheur & d'injustice qu'on voudrait pouvoir effacer de l'histoire, & sur-tout de l'histoire de sa patrie ; & après lesquelles ceux qui demeurent doivent se regarder, dans l'état où ils se trouvent, comme des hommes couverts de blessures, plus ou moins profondes, qui sont échappés à un grand fléau physique. Les fléaux physiques cependant ne sont pas si terribles. Le tremblement de terre qui a renversé Lisbonne sur ses habitants, n'a du moins frappé qu'une seule Ville ; & sans l'*Auto-da-fé* dont il a été suivi, il n'aurait flétri, ni l'esprit, ni le cœur, ni la gloire des Portugais.

CHAPITRE IV.

De ce qui est arrivé à la Compagnie des Indes, depuis la chute du Système de Law jusqu'à présent.

CE n'est que depuis que les convulsions du système ont été calmées, que la *Compagnie des Indes* a pu être regardée véritablement comme une *Compagnie de Commerce*. L'Edit du mois de Juin 1725 lui „ défend très expressé- „ ment (art. XI.) de s'immiscer dans „ aucun tems, directement ni indirecte- „ ment dans les affaires & finances du „ Roi „. Cette défense peut sembler singuliere, puisqu'il était impossible à la Compagnie de se mêler des finances & des affaires du Roi sans son aveu, & les ordres formels du Gouvernement. Mais cette clause parut nécessaire, pour rassurer le Peuple contre le retour de l'administration financiere de la *Compa-*

gnie, qui avait été jointe à tant de piéges tendus à la bonne foi des Citoyens ignorants, & à tant d'opérations défaſtreuſes. Cet Edit lui conſervait cependant *la Ferme du Tabac*, qui lui avait été aliénée par Arrêt du Conſeil du premier Septembre 1723, pour lui tenir lieu de *deux millions ſept cents mille livres* de rente à compte de celle de *trois millions* que le Roi lui devait pour ſon capital originaire de *cent millions* en *Billets de l'Etat*. Il lui donnait encore le *privilége excluſif* du Commerce du *Caffé*, & lui confirmait ceux du Commerce des *Caſtors*, de celui des *Indes orientales*, de celui de la *Chine*, de celui de *Guinée*, de celui du *Sénégal* & de la *Côte de Barbarie*, & la conceſſion de la *Louiſiane*.

Un autre Edit du même mois, lui confirme une donation de *cinq cent quatre-vingt-trois millions* en ordonnances ſur le Tréſor royal, qui lui avait été

faite par Arrêts des 7 & 14 Juin 1723,
pour indemnités de la *dépoſſeſſion* &
non-jouiſſance de la plupart des attribu-
butions qui lui avaient été accordées,
& des pertes qui lui avaient occa-
fionnées quelques unes des opérations
auxquelles on l'avait forcée. Il parait
que ce don de *cinq cents quatre-vingt-*
trois millions ne fut que fictif, & ſeulement pour balancer les ſommes en
Billets que la Compagnie ſe trouvait
devoir au Roi par la reddition de ſes
comptes. Car, jamais le Tréſor royal
n'eût pû acquitter un don ſi conſidérable. Ce qui fut un peu plus réel, fut
l'abandon que le Roi lui fit du premier
fonds & des bénéfices de la Banque générale, des bénéfices de la Banque
royale, la diſpenſe de compter du droit
d'entrée ſur les caſtors, & ſur-tout la
ceſſion & l'octroi du bénéfice des réductions ordonnées par le *viſa*, ſur les
Billets de banque, Certificats de comp-

tes en banque, Récépiſſés des Receveurs des Tailles, du Tréſor royal, des
Directeurs des Monnoies, des Directeurs des comptes en banque, &c. Cet
article était d'une ſi grande importance,
qu'il remettait la Compagnie dans un
état meilleur que celui où elle était
avant les révolutions du ſyſtême, &
infiniment préférable à celui du reſte de
la Nation ; ce qui me parait conſtater
l'erreur de ceux qui ont cru que la Compagnie avait été moins bien traitée que
le Public, qui cependant était en très
grande partie ſa victime.

Pour enſevelir dans les ténebres de
l'oubli les détails des opérations de la
Compagnie pendant le ſyſtême, le même Edit ordonne de bruler tous les
comptes des Caiſſiers & Commis de
cette Compagnie, & tous ſes régiſtres
& papiers, qui ne ſont pas purement relatifs à ſon Commerce. La nature des
opérations que nous avons parcourues

dans le Chapitre précédent, & qui restent conſtatées par des Arrêts du Conſeil imprimés & publics, peut ſeule faire juger combien devaient être étonnantes celles dont on a voulu dérober la connaiſſance à la poſtérité.

Reſpectons ce voile que la ſageſſe du Légiſlateur a tiré, ſans doute par amour pour la paix, & dans la vue de conſerver l'honneur de pluſieurs familles, & quelque conſidération publique à la *Compagnie des Indes*, dont on croyait alors l'établiſſement utile à l'Etat; & fixons ſeulement nos regards ſur la ſituation où ſe trouvait cette Compagnie en 1725, lorſqu'on rendit les Edits que nous venons de citer, & qui fixent le point de ſéparation entre ſes nouvelles opérations & les anciennes. Il me ſuffit d'avoir montré que celles-ci ne lui donnent pas, à beaucoup près, ſur la reconnaiſſance & ſur l'indulgence du Public, autant de droits que ſes Adminiſtrateurs

& fes Actionnaires fe l'imaginent , & que M. NEKER l'avait prétendu.

Je rentre plus ici dans la carriere que M. l'*Abbé* MORELLET s'était propofée , & qu'il a remplie avec fuccès. Je n'ai, *dans ce Chapitre* , a confidérer la Compagnie des Indes que comme *Compagnie commerçante & publique à privilége excluſif.* Je m'étendrai par conféquent un peu moins fur les détails relatifs à cet objet , & qu'on trouve expofés très nettement dans les divers Mémoires qui ont été publiés nouvellement, & fur tout ceux de M. l'*Abbé* MORELLET. Cette partie de mon Ouvrage , doit prefque être bornée , à extraire & à commenter le fien.

En 1725 , la Compagnie des Indes poffédait *cent cinq barques* , qu'on appellait *vaiſſeaux*. Ceux qui dans le nombre étaient pourtant dignes de ce nom , étaient eux - mêmes plus petits que grands , comme on peut croire ;

parceque dans la vue d'infpirer plus de confiance *aux Parifiens* , en les éblouif-fant, on s'était beaucoup plus attaché à en impofer par le nombre , qu'à fe procurer des machines réellement pro-pres à fervir le Commerce avec éco-nomie. Elle avait *trente - fept millions* de capital difponible , à employer à fon Commerce , dont elle devait , de fon aveu , plus de *quinze millions* au profit qu'elle avait fait fur les Fermes générales (29) ; fans compter fes *trois millions* de rente ; environ *cinq millions* qu'elle gagnait tous les ans fur la Ferme du Tabac, au - deffus de la rente dont cette Ferme de-vait l'indemnifer ; & les gratifications par tonneau, qui fubfiftaient toujours fous la même dénomination établie par *Louis XIV*, quoique diminuées de moi-tié par le changement de valeur du marc

---

(29) Voyez fa Requête du 3 Avril 1721 , im-primée chez la *veuve Saugrain* & *Prault.*

d'argent. Je ne porte, à cette époque,
qu'à *trente-fept millions* le capital de la
Compagnie *difponible pour le commerce*,
quoique les Etats cités par M. l'*Abbé*
MORELLET faffent monter ce capital à
1 37 *millions* : la raifon de cette différence dans notre maniere de compter
me parait fort fimple ; c'eft que les
100 *millions* dûs par le Roi n'étaient que
le titre d'une rente de *trois millions*, &
non pas un fonds en caiffe dont on pût
difpofer pour le commerce.

Il faut toujours diftinguer avec foin
dans la Compagnie des Indes, la *Compagnie rentiere* de la *Compagnie commerçante.* Ce font deux êtres entierement
différents, qui fe font trouvés unis par la
fuite des malheurs qui affligeaient l'Etat
lors de leur établiffement ; mais dont les
intérêts étaient effentiellement oppofés:
& fi oppofés, que la premiere a commencé par diffiper les fonds provenants des
encouragements donnés à la feconde,

& que la feconde a fini par aliéner la plus grande partie du capital de la premiere.

Le plus confidérable de ces encouragements était l'aliénation de la *Ferme du Tabac*, entreprife de finance qui n'avait aucun rapport au commerce de l'Inde. Les *cinq millions*, au moins, que la Compagnie y gagnait par an, outre ce qui lui était dû, peuvent bien être regardés comme appartenant légitimement aux Actionnaires, vu la convention; mais on ne voit pas qu'ils en ayent moins été un impôt confidérable levé fur la Nation, *pour favorifer le Commerce de l'Inde.*

Je crois avoir prouvé, dans la premiere Partie de cet Ouvrage, que le Commerce de l'Inde, en lui-même, ne méritait pas de fi grandes faveurs & fi onéreufes à la chofe publique. J'obferverai feulement ici la fatalité finguliere qui fit qu'en fe déterminant à les lui accorder, & en en faifant fupporter les frais par la Nation, on s'y prit néanmoins de façon que des faveurs, si cheres, ne profitaffent nullement au Commerce qui en était l'objet. Ce font là de ces chofes qui n'ont été rares dans aucun pays, & qui cependant paraîtront toujours aux Philofophes, des anecdotes remarquables dans l'hiftoire de l'efprit humain.

Nous avons vu que la Compagnie était par fa conftitution, & par la tournure des mœurs des *Parifiens* qui font fes principaux Actionnaires, beaucoup plus difpofée à être *rentiere* que commerçante. Voici à quoi l'efprit *rentier* l'emporta. Au lieu de confacrer les *cinq millions* de profits qu'elle faifait annuellement, au-delà de ce qui lui était dû, fur la Ferme du Tabac, & les gratifications qu'elle recevait du Roi par chaque tonneau, de fes importations & exportations à améliorer fon commerce, elle partagea tous les ans le produit de ces divers articles entre fes intéreffés; ce qui porta le dividende de chaque action

à *cent cinquante livres*, quoiqu'il n'eût dû
être que d'environ le tiers de cette fomme, fi on l'eût borné, comme il était
jufte, au partage de la rente due par le
Roi. Il était naturel de penfer qu'un
Commerce naiffant, pour lequel la Nation faifait les plus grands facrifices,
devait employer ces facrifices à affurer
fes fuccès. Et qu'en attendant les profits
que ces facrifices euffent pû procurer au
Commerce, les *Rentiers* qui en avaient
le privilege exclufif, n'étaient en droit
de partager entr'eux que leurs *rentes* ;
& n'avaient aucun titre pour s'approprier des fonds, que l'Etat dépenfait, uni-
quement dans la vue d'encourager leur
Commerce, & de faciliter les opérations
qu'ils faifaient en qualité de *Commerçants.*
Mais toutes ces confidérations céderent
à l'envie d'avoir & de donner un gros
dividende. Et le Gouvernement lui-même, qui décidait de toute l'adminiftration
de la Compagnie, s'eft prêté à cet arrangement ; lequel rendait inutiles les avan-

tages énormes faits à la Compagnie *en faveur du Commerce de l'Inde* , ſi bien qu'ils n'ont effectivement contribué en rien à *le favoriſer.*

Cette obſervation nous conduit à découvrir une des cauſes de la diſſipation du capital de la Compagnie des Indes, qui n'a point été remarquée par les divers Auteurs qui ont conſtaté cette diſſipation (30). Depuis 1725 juſqu'en 1736, la Compagnie avait ainſi reçu en gratifications ou encouragements, ou gains de Finance aux dépens de la Nation, près de *ſoixante millions ,* que ſes Actionnaires avaient froidement partagés entr'eux , tandis qu'ils engageaient par une *loterie compoſée ,* à un titre fort onéreux, *treize millions cent ſoixante & quatorze mille deux cents ſoixante liv.* du capital qui leur était dû par le Roi. Il eſt donc

(30) Si ce n'eſt par M. l'*Abbé* MORELLET ; mais ſeulement dans la *ſeconde* Edition de ſon *premier* Mémoire.

évident

évident que la Compagnie eût pû faire
face aux dépenses qui ont exigé cet engagement, & avoir encore, à cette
époque, plus de *quarante-six millions* de
profit ou d'accroissement de capital, si
l'on n'eut pas inconsidérément porté le
dividende rentier des actions à près des
deux tiers en sus de ce qu'il aurait dû
être.

Ceux qui voudront peser cette première cause des malheurs de la *Compagnie des Indes*, ne seront point surpris
de la voir hors d'état de pourvoir par
elle-même aux cas fortuits inséparables
de son commerce, & à toutes les dépenses de guerre & de souveraineté
que ce commerce exigeait entre ses
mains, & qui en devenaient des frais
nécessaires.

La nature de la constitution & de
l'administration de la *Compagnie des Indes* rendait, pour elle, ces frais si considérables, qu'elle a beaucoup perdu

M

dans tous les Commerces dont elle a été chargée. Dès l'année 1730 , elle avait été réduite à fupplier le Roi de lui retirer le privilége excluſif du Commerce de la Côte de Barbarie.

La conceſſion de la *Louiſiane* , ce vaſte & beau pays , ſingulierement bien ſitué, & qui jouit du ſol le plus fertile & de l'air le plus ſain qui ſoit dans l'univers, lui a été à charge. Il aurait été très poſſible de donner à cette Province, & ſi on les meſurait par l'étendue, il faudrait dire , *à cet Empire immenſe* , une légiſlation ſimple , conforme aux droits, & à la liberté de l'homme. Cette légiſlation rendue publique y aurait appellé des habitans & des richeſſes de toutes les parties du monde. Par-là cette Colonie aurait proſpéré comme ont proſpéré les Colonies Anglaiſes ; dont la législation n'eſt cependant pas la meilleure poſſible , quoique de beaucoup préférable à celle qui régle la deſtinée de toutes les Nations de l'Europe ; & dont le climat eſt moins heureux que celui de la *Louiſiane*. Au lieu de cela, la Compagnie des Indes, crut qu'elle devait commencer par *profiter* beaucoup ſur ce pays qui était encore en friche, & qui, graces à ſes ſoins, y eſt demeuré. Elle s'imagina qu'elle en allait retirer des *barres d'or* & des *monts d'argent*, comme on les avait mis par alluſion *anticipée* dans ſes armes. Ses Adminiſtrateurs prétendirent, de Paris, pouvoir diriger les opérations des Colons. Ils multiplierent les réglements, ainſi que les gênes relatives à leur privilége excluſif. Ils firent la guerre : ils détruiſirent entierement les *Natchès*, un des Peuples les plus fraternels, les plus honnêtes, les plus aimables, les plus ſpirituels, les plus doux, qu'on ait jamais trouvé dans l'Amérique, qui eſt le pays des hommes doux. Ils y conſumerent 2 5 *millions* en entrepriſes mal concertées, &

qui ne pouvaient pas l'être bien par une
Compagnie Parisienne. *Quatre millions*
employés par des Citoyens qu'on aurait appellés à la Louisiane, en leur y
affurant cette liberté que tout homme
defire, la propriété qu'il a droit d'attendre de fon travail, & la protection que
les Chefs de la Société doivent à tous
fes membres : *quatre millions*, dis-je,
employés ainfi directement par leurs
Propriétaires, que les circonftances lo-
cales auraient guidés, & que l'intérêt
perfonnel aurait éclairés, euffent produit des effets infiniment plus grands
& plus durables, des établiffemens plus
étendus, plus folides & plus utiles que
ceux que la Compagnie a pu faire avec
fes *vingt-cinq millions* adminiftrés & dif-
tribués par des Agens qui ne pouvaient
avoir, ni toutes les connaiffances néceffaires à tant d'opérations différentes,
ni un intérêt affez vif au fuccès. Cependant on croyait fort utile de laiffer la

Louisiane entre les mains de la Compagnie. Il a fallu qu'elle sollicitât beaucoup pour obtenir du Gouvernement en 1731, qu'il acceptât la rétrocession de cette partie de son Privilége exclusif ; on lui fit même acheter cette faveur par le payement d'une somme *d'un million quatre cents cinquante mille livres.*

Un peu auparavant, c'est-à-dire en 1730, on lui avait retiré la Régie de la Ferme du Tabac, en lui réservant néanmoins sur cette Ferme *huit millions de rente*, que les Fermiers généraux lui payaient, & dont elle a joui jusqu'en 1747. Cette rente était à peu près sur le pied de ce qu'elle en avait retiré annuellement, depuis que cette Ferme lui avait été aliénée pour lui tenir lieu de *deux millions sept cents mille livres* de rente. Une gratification si considérable, annuellement payée per la Nation, jointe aux autres gratifications que la *Compagnie* recevait d'ailleurs fur toutes

M üj

fes exportations & fes importations, ne fuffifait pas encore pour fournir aux dividendes beaucoup trop forts qu'on partageait entre les Actionnaires, & aux dépenfes néceffaires de fouveraineté, dont la nature de fon Commerce, & la pofition de fes Comptoirs la chargeaient.

A ces dépenfes onéreufes & *inévitables*, il s'eft joint dans tous les établiffements de la Compagnie, d'autres dépenfes qu'on doit nommer de luxe, *qu'on aurait pû éviter*, & qui ont contribué à fa ruine. La Compagnie convient de la juftеffe de ce reproche; mais elle y répond affez fortement dans le Mémoire qu'elle a fait imprimer, en expofant qu'elle a toujours été adminiftrée par des perfonnes qui n'étaient pas de fon choix. Il faut convenir qu'à cet égard fa réclamation eft très bien fondée. Il eft affez ordinaire en tout pays, & c'eft peut-être dans l'ordre moral une des difpofitions les plus admirables de la Providence , que l'on refpecte peu les droits , même *réels*, de ceux qui acceptent des avantages particuliers contraires au bien général de la fociété.

Il eft à remarquer cependant que toute Compagnie compofée de quinze ou vingt mille Affociés , fera toujours prefqu'également mal adminiftrée , foit qu'elle nomme ou qu'elle reçoive fes Directeurs. Car il fera toujours *impoffible* que des Directeurs ne foient pas fort furchargés par l'étendue des affaires d'une telle Compagnie ; *très difficile*, qu'ils y apportent la même économie , la même intelligence , la même activité qu'ils pourraient mettre dans leurs affaires perfonnelles ; & *très aifé* que l'intérêt de leurs affaires perfonnelles fe trouve en oppofition avec celui de leurs commettans. Au refte , il paraît par le fait même que rapportent également M. *le*

M iv

Comte DE LAURAGUAIS & M. *l'Abbé* MO-
RELLET, d'*un million* partagé en *neuf ans*
entre les Directeurs de la Compagnie,
comme salaires, sur le pied de *trois pour
cent* du bénéfice d'un Commerce, qui
mettait cependant ses Entrepreneurs en
perte ; & par la modicité des appointe-
ments qui leur furent fixés depuis, que
l'administration de la Compagnie des
Indes ne lui a pas couté fort cher. Et
que la totalité des honoraires des Directeurs depuis 1725, ne formerait pas
une somme capable d'influer sur la situation actuelle de la *Compagnie*. Aussi ne
sont ce pas les dépenses mêmes de cette
administration ; mais bien la trop grande
valeur du dividende dès les premiers
moments, mais bien les idées de grandeur & de somptuosité inutiles portées
dans les édifices qu'elle a fait élever,
mais bien les dépenses de guerre & de
souveraineté que la Compagnie ne pouvait éviter, qui ont ruiné son commerce
& consumé son capital.

Il aurait été presqu'impossible à la Compagnie des Indes de ne pas se ruiner quand on l'aurait laissée maîtresse absolue de ses opérations. Les frais de guerre & de souveraineté l'auraient toujours écrasée : à moins que l'Etat ne se fût chargé de faire pour elle tous ces frais ; ce dont il n'était ni juste ni raisonnable qu'il se chargeât, comme je crois l'avoir prouvé dans la premiere partie de cet écrit. Il était plus qu'impossible qu'elle ne se ruinât pas dans la main du Gouvernement, dont les vues politiques sont souvent éloignées de celles du Commerce.

Les hommes d'Etat emportés par un courant perpétuel de grands objets, s'occupent naturellement, avec toute l'activité qui leur est propre, du moment présent. Il serait bien étonnant qu'ils pussent apporter dans une direction d'affaires de commerce, l'économie continuelle, prévoyante & minutieuse que ces affaires

exigent. Il eſt preſque impoſſible qu'ils
ne ſe croient pas ſouvent dans la néceſſité de faire céder l'intérêt du commerce
à leurs autres opérations, & très naturel
qu'il leur paraiſſe juſte enſuite de réparer aux dépens de la Nation des pertes
que le commerce ſemble n'avoir faites
que pour elle.

Ce furent ſans doute ces motifs qui
déterminerent en 1747 à tripler tout-
à-coup la rente de la *Compagnie des
Indes* ſur le Roi. Cette rente de *trois
millions* fut alors portée à *neuf.* Sur le
pied de l'ancien capital, c'était une
petite gratification de *deux cents millions* (31). Le Roi cependant ne voulut

---

(31) Il eſt vrai qu'en 1747, le Roi devait à
la Compagnie environ 6,600,000 *livres,* pour
des *gratifications* par tonneau promiſes & échues.
Et qu'il paraiſſait naturel de lui rendre en même-
tems la valeur des Bulles du Cardinal Dubois;
les 1450 *mille livres* qu'on en avait exigées,
pour recevoir la rétroceſſion du privilege excluſif

se reconnaître débiteur que de *quatre-vingts millions* de plus de capital. Mais

---

de la Louisiane ; *dix huit cents mille francs* que lui avait couté un armement en guerre, inutilement ordonné en 1741 ; & peut-être même quelques dédommagements pour la perte de plusieurs de ses vaisseaux, qui ne s'étaient exposés à être pris par l'ennemi, qu'en obéissant à des ordres émanés de l'autorité : le tout aurait pu se monter au plus à *une vingtaine de millions.* Ainsi le mot de *gratification* que j'employe, ne doit pas s'appliquer à la totalité de ce capital de *deux cents millions* ou de son équivalent, qui fut alors accordé par le Ministre à la Compagnie.

Mais la Compagnie demanda que le Roi se chargeât de lui payer environ *six millions* qui lui étaient dus par divers particuliers des Colonies françaises de l'Amérique, pour des Négres qu'elle leur avait vendus à crédit. Et le Roi y consentit. Et j'appelle cela *une espece de gratification.* Parceque l'autorité tutélaire ne me semble obligée que de contraindre les Acheteurs de payer leurs dettes autant qu'il est possible, mais non pas de payer pour eux.

La Compagnie demanda que le Roi lui rembour-

pour produire avec *quatre-vingts millions*
(qu'il n'eft pas plus vraifemblable de

---

sât les *fix millions* qu'elle avait payés en 1720 pour
acquérir les effets, les créances & le privilege exclufif de la *Compagnie* particuliere *de S. Domingue.*
Et le Roi y confentit. Et j'appelle cela une *gratifi-*
cation. 1°. Parcequ'une partie de ces *fix millions*
était le prix des créances & des effets appartenant
à la Compagnie de S. Domingue, & que la Compagnie des Indes n'était pas en droit d'exiger du Roi le
payement de ces effets, dont elle feule avait joui.
2°. Parceque l'autre partie de ces *fix millions* était
le prix du droit exclufif de la *Compagnie de S. Do-*
mingue au Commerce de cette Ifle : & qu'il me
femble que lorfque le Roi a donné gratuitement
à quelques particuliers un privilege exclufif, & qu'il
leur retire ce privilege nuifible à la Nation, il n'eft
obligé envers eux à aucun dédommagement. Obfervation qui prouverait au refte qu'un privilege
exclufif peut être *une mauvaife emplette* ; chofe affez
jufte, puifque c'eft *une mauvaife invention.*

La Compagnie demanda que le Roi voulut bien
lui accorder *telle fomme qu'il jugerait à propos,*
pour la dédommager de ce qu'elle n'avoit retiré
depuis 1730 jufqu'en 1747, que *huit millions* par

voir rembourſer, d'ici à bien long-tems,
que *deux cent*) le même réſultat qu'on

---

an de la Ferme du Tabac, ſur laquelle il ne lui
étoit dû que *deux millions ſept cents mille livres*
de rente; attendu que ſi en 1730 elle n'eut pas
cédé le privilege excluſif de la vente du Tabac a
Fermiers généraux, elle en aurait pû retirer une
ſomme encore beaucoup plus forte. Et pour cet
article le Roi conſentit à lui accorder *trente & un
millions cinq cents vingt - neuf mille livres*. Et
j'appelle cela *une forte gratification*. Parcequ'il me
ſemble que la Nation aurait été très grievement
lézée, ſi la Compagnie des Indes avait retiré pendant *dix-ſept* ans environ *dix ſept millions* par an
ſur la Ferme du Tabac, de plus qu'il ne lui était
dû pour les cauſes qui lui avaient fait aliéner cette
Ferme; & qu'il me parait encore que la Compagnie avait déja été très favoriſée, en jouiſſant
pendant ſi long-tems d'un produit annuel de *huit
millions*, pour lui tenir lieu d'une rente de *deux
millions ſept cents mille livres*.

La Compagnie demanda, *à titre de grace*, que
le Roi voulut bien lui accorder une ſomme, pour
l'indemniſer de ce qu'on lui retirait entierement
alors le privilege excluſif de vendre du Tabac, &

eût obtenu de *deux cents millions* sur l'ancien pied, on fixa la rente de ces *quatre*-

---

pour la dédommager des dépenses qu'elle avait faites afin de monter la Régie de ce privilege exclusif. Et le Roi consentit à lui accorder pour cet article *trente millions*. Et j'appelle encore cela *une forte justification*: Parcequ'il me semble qu'aucun engagement ne pouvait obliger la Nation de laisser à perpétuité entre les mains de la Compagnie des Indes, un revenu de *huit* pour une dette de *moins de trois* : puisqu'alors il y aurait eu *léfion* du Débiteur; & que tout cas de léfion manifefte, rompt les engagements les plus autentiques, comme l'a très bien prouvé M. l'*Abbé* Morellet, pag. 75 & 77 de la Réponfe à M. Neker. Et parcequ'il me semble encore, & c'est aufsi une obfervation de M. l'*Abbé* Morellet, pag. 78. que la Compagnie a été remboursée de tous ses frais à cet égard, puisqu'elle a eu huit millions de *produit net* ; & qu'elle a été plus que dédommagée du vuide très léger que ses dépenfes relatives à cet objet, qui n'ont pas été fort confidérables, ont pu apporter à fon Commerce, par les *cinq millions* de rente dont elle a joui pendant plus de vingt-deux ans, au-delà de ce qu'il lui était dû.

La Compagnie demanda encore que le Roi lui

vingts millions à cinq pour *cent;* & on éle-
va pareillement de *trois* à *cinq* pour *cent*
la rente de l'ancien capital de *cent millions,* qui avaient été payés, comme
nous l'avons vu plus haut, au tréfor

---

remboursât environ *quarante millions* qu'elle avait
perdus ou avancés dans fon Commerce exclufif à
la Louifiane, aux Ifles de France & de Bourbon,
en Guinée, au Sénégal & en Barbarie. Et le Roi
refufa cette demande; mais il confentit à porter de
trois à *cinq* pour *cent,* la rente qu'il devait à la
Compagnie pour fon capital originaire de *cent
millions* en Billets de l'Etat. Ces *deux millions* auraient été, à *cinq* pour *cent,* précifément la rente des
quarante millions demandés, & j'appelle encore
cela une *gratification.* Parcequ'il me femble que
pour avoir malheureufement donné un privilége
exclufif à des Commerçants, le Roi n'eft pas tenu
de les dédommager de toutes les pertes qu'ils font
dans leur Commerce. En tout cas de privilége exclufif, ce ferait plutôt la Nation qui ferait bien
fondée à demander un dédommagement pour tous
fes citoyens, qui ont été privés de l'ufage de leurs
droits, par le privilége de ceux qui ont été favorifés.

royal, en *billets de l'Etat*, auxquels félon leur valeur nominale, il n'était dû que *quatre* pour *cent* de rente, & qui d'ailleurs avaient été achetés par la plupart des Actionnaires à un prix beaucoup inférieur à cette valeur. Puifque M. *de Forbonnais*, certifie que ces billets perdaient fur la Place *cinquante pour cent*, & que le défenfeur de la Compagnie, qui a donné les *Eclairciffements*, &c. affure qu'ils perdaient *foixante & dix pour cent*, lorfqu'on leur offrit le débouché des actions de la Compagnie d'Occident (32).

Selon le calcul de M. *de Forbonnais*, cette rente de *cinq millions* pour un capital de *cent millions* qui n'en valait réellement que *cinquante*, ferait fur le pied de *dix pour cent*. Selon le calcul de l'AUTEUR *des Eclairciffemens*, comme

———————————————

(32) Voyez plus haut, page 125, les citations de ces deux Auteurs.

le

le capital de *cent millions en billets de l'État* n'en aurait valu que *trente en espèces*, la rente ferait fur le pied de *feize & demi pour cent.*

Il eft vrai qu'on pourrait m'objecter que l'augmentation réelle de l'impôt annuel payé par la Nation à la *Compagnie des Indes*, ne fut en 1747 que d'environ *un million;* puifqu'alors en lui augmentant fa rente fur le Roi de *fix millions*, on lui retira entierement l'engagement de la Ferme du Tabac, fur lequel elle recevait tous les ans *cinq millions* de plus qu'il ne lui était dû. Cette objection prouverait que la *Compagnie des Indes* a, de fon aveu, joui, aux dépens du pauvre Peuple, pendant *vingt-deux ans*, de plus que je ne l'avais d'abord remarqué, & fans profit pour le Commerce dont elle était chargée, de l'ufure annuelle de *quinze à feize* pour *cent* du capital qu'elle avait payé au *Tréfor royal.*

N

Je supplie que pour avoir fait ce calcul
on ne m'accuse pas d'avoir des vues d'in-
quisition rétroactive sur les propriétés,
comme on en a accusé M. *l'Abbé* Mo-
RELLET, à ce qu'il me semble, fort in-
justement. Je répéte qu'il me paraît que
c'est ici le cas de dire, *qui plus a mis,*
plus a perdu. Je crois *bien donné*, tout
ce que le Roi a donné dans la vue du
bien public. Mais il n'est pas inutile de
savoir à quoi cela se monte, & sur quel
pied ont été faits ces *dons* : parceque
chez les Nations appauvries, il peut arriver au futur mille occasions où il de-
vienne essentiel d'opposer l'humanité &
la justice des bons Rois envers la totalité de leurs Peuples, à la générosité
magnanime qui pourrait les décider dans
des circonstances particulieres.

Depuis 1747, le Gouvernement a continué de payer à la *Compagnie des Indes*
des droits de tonneau ; des indemnités
sur le caffé qui entre dans le Royaume,

pour la dédommager de ce qu'on lui a retiré le *privilége exclusif* de le faire venir & de le débiter ; des gratifications sur les Noirs & sur l'or de Sénégal & de Guinée. Il lui a accordé le droit de retenir *un dixieme*, au profit de ses Actionnaires, sur les arrérages des rentes viageres dont elle est débitrice. Il lui a fait présent de *vingt millions* en actions & billets d'emprunt, dont la propriété appartenait au Roi ; & de *sept millions & demi* à quoi se montaient les intérêts & le dividende de ces billets & de ces actions. Et il a dépensé pour elle *quatre-vingt cinq millions* dans la dernière guerre.

Cependant la Compagnie elle-même a aliéné ou engagé 115 *millions* sur lecapital de *cent millions* que le Roi lui doit originairement, & sur celui de *quatre-vingt millions*, dont il l'a gratifiée en 1747. Elle a engagé à ses propres Actionnaires en 1764, *soixante millions* pour leur assurer à chacun une rente de

80 *livres* par action : c'est-à-dire qu'elle a déclaré par une résolution assez singulière, quoiqu'autorisée par le Gouvernement, qu'elle ne payerait point les dettes qu'elle pourrait contracter si ces dettes étaient dans le cas d'entamer le capital de *soixante millions* qu'elle a voulu retirer du commerce. Elle demeure aujourd'hui, selon l'évaluation la plus avantageuse pour elle, & qu'elle ne peut même justifier, avec environ 71 *millions* de fonds circulants dans ce Commerce. Mais dans lesquels il se trouve *quatorze millions* dûs par le Roi, principalement pour les *gratifications* promises, & pour les effets qu'elle lui a retrocédés aux isles de France & de Bourbon, & plusieurs autres sommes considérables dont la rentrée est au moins éloignée ; 18 *millions* au plus de fonds morts, y compris les édifices de l'Inde ; & *cinq millions* de capital libre entre les mains du Roi, sur le contrat de *cent*

quatre-vingt millions. Le tout pour faire honneur à *quatre-vingt-huit millions* de dettes *exigibles*, à des époques certaines & prochaines. De sorte qu'elle n'a point de fonds pour faire le commerce, & qu'elle ne pourrait le continuer qu'en empruntant au moins *quarante-six millions*; qui lui font impossibles à trouver, puisqu'elle n'a pour en répondre que les *cinq millions* qui font libres fur son capital, entre les mains du Roi, & *vingt-six* autres *millions* du même capital, pareillement entre les mains du Roi, desquels le revenu est déja engagé au payement de *trois millions* de rentes viageres, dixième & deux fols pour livre déduits.

C'est dans cet état de chofes que le Roi vient de lui retirer son privilége exclufif qu'elle ne pouvait plus exercer.

La Compagnie impute ce délabrement de fes affaires à l'administration, & aux Commissaires qui lui ont été donnés par le Roi (33). Elle laiffe entendre qu'on ne pouvait pas efpérer davantage d'une Compagnie de commerce, qui n'étoit qu'*une fociété de gens mis en direction* (34). Il faut lui accorder que des Commiffaires du Roi, peuvent avec les plus grands talens & les vues politiques les plus élevées, adminiftrer mal le commerce, qui au fonds n'eft pas de leur métier. Mais elle conviendra à foh tour, qu'une Compagnie dans laquelle le Roi avait des fonds confidérables; à laquelle on avait confié tous les droits de la fouveraineté, des forts, de l'artillerie, des troupes, un Empire à fix mille lieues du corps de l'Etat; & qui par l'imprudence ou l'ambition de fes prépofés,

---

(33) Voyez le *Mémoire imprimé en vertu de la Délibération des Actionnaires* & les *Eclaiciffemens* déja cités.

(34) Cette expreffion eft de M. *le Comte* DE LAURAGUAIS, dans fon Mémoire, pag. 78.

pouvait attirer au Roi des guerres très onéreufes, & expofer l'honneur & la richeffe de la Nation, devait néceffairement être guidée & furveillée par des hommes d'Etat, par des Commiffaires du Roi.

Il s'enfuit donc que la Compagnie des Indes était fans qu'on s'en apperçut, vouée dès fa naiffance à la ruine & à la deftruction ; & qu'il en fera de même, fur-tout dans un grand Etat monarchique, de toute autre Compagnie à la fois commerçante & fouveraine. Car la nature des chofes femble exiger qu'une telle Compagnie ait à fa tête des Commiffaires du Roi, qui dans mille cas décident de fes opérations ; & la nature des chofes ne permet pas cependant que fon commerce profpere fous une telle adminiftration.

N iv

TROISIEME PARTIE.

DE LA FORME ACTUELLE DONNÉE AU COMMERCE DE L'INDE.

CHAPITRE PREMIER.

Que la Compagnie des Indes, ni ses Actionnaires, n'ont aucun droit de se plaindre de la suspension de leurs priviléges exclusifs. Objets & division des Chapitres suivants.

INDÉPENDAMMENT des autres raisons qui, en tout état de cause, devaient déterminer la révocation des priviléges exclusifs de la *Compagnie des Indes*, il s'en présentait, au moment actuel, une trés forte; c'est que la Compagnie ne pouvait en aucune maniere continuer ses opérations, ni fournir aux Isles de France & de Bourbon, les provisions qui leur sont nécessaires. Son privilége se trouvait donc absolument de la nature de ceux du *Kislar-Aga* de Constantinople. Il ne lui donnait qu'un *titre* pour empêcher les autres de faire ce qu'elle ne pouvait plus elle-même. Toutes les fois qu'on suspend un tel *privilège*, on ne diminue rien de la part du *Titulaire*.

Mais ici le *Titulaire* serait d'autant moins dans le cas de réclamer contre la suspension, qu'il n'a jamais été le véritable possesseur de la chose suspendue. Nous avons vû plus haut dans l'histoire de la *Compagnie des Indes* qu'elle n'a été qu'une machine employée par le Gouvernement, pour faire sous sa direction le Commerce de l'Inde; avec de l'argent en partie fourni par les contribuables de la Nation, & en partie prêté par divers particuliers nationaux ou étrangers. Or, il résulte de ce fait reconnu, que le Gouvernement, qui a élevé cette machine dans la vue du bien public, est entierement le maître de la briser; quand il s'est convaincu qu'elle ne conduit pas à l'objet qu'il s'était proposé.

Le privilége exclusif qu'il avait donné à *sa Compagnie* ne peut pas être regardé comme *une propriété* des Actionnaires de cette Compagnie. Premièrement, parcequ'un privilége exclusif, qui n'est ni ne peut être en lui même qu'*une violation de la propriété publique de tous les Citoyens*, ne saurait jamais former une véritable *propriété* particuliere. Car l'attribution de ce qui appartient à autrui, n'en donne pas *la propriété*. Et bien moins encore quand il est prouvé que le motif, ou le prétexte, de l'utilité générale qui peut avoir engagé à cette attribution, n'a pas d'application dans le cas dont il s'agit; & que ce motif milite fortement au contraire pour la *liberté*, qui eft *la propriété* & l'*intérêt* de tout le monde. Secondement, parceque, comme nous venons de le remarquer, le privilége exclufif du Commerce de l'Inde, *nommément*, n'a jamais appartenu *aux Actionnaires de la Compagnie* qui en était *titulaire*; mais feulement à fon *adminiftration*, laquelle était, & par fa nature devait être un fimple outil dans la main du Gouvernement (35). De forte qu'en révoquant le privilége exclufif de la Compagnie des Indes, c'eft proprement à lui même que le Gouvernement a retiré ce privilége, qui ne lui en a pas été moins couteux pour lui avoir toujours appartenu.

─────────────────

(35) La forme même d'adminiftration dont la *Compagnie des Indes* a joui paffagerement depuis 1764, jufqu'en 1768, n'était pas entierement indépendante, & encore était-il très difficile que cette forme d'adminiftration fubfiftât quoiqu'elle fût plus avantageufe à la Compagnie. Voyez les raifons expofées à la fin du Chapitre précédent.

Dans le régime actuel qu'il vient de donner aux Commerce de l'Inde, il y a plusieurs objets à considérer. 1°. La *situation* où demeure la *Compagnie des Indes*, & ses Créanciers ; & les droits dont ils restent en possession. 2°. La *restriction* qui oblige tous les Négociants qui voudront tenter le Commerce de l'Inde, de faire leurs retours dans le Port de l'Orient. 3°. L'*impôt* établi sur leur Commerce. 4°. Les *avantages* que le Commerce de l'Inde, exercé par nos Négociants à demi-libres, aura sur celui d'une Compagnie publique & exclusive. 5°. Les *désavantages* que la nature du Commerce de l'Inde laissera encore pour la Nation, au Commerce même qu'y exerceront nos Négociants. 6°. Ce qu'on pourrait appeller un Commerce vérita-blement *libre*.

L'examen rapide de ces points importants, formera l'objet de six Chapitres, dans lesquels je diviserai cette der-

niere partie de mon travail. J'aurai grand
foin d'y apporter la même impartialité
philofophique, par laquelle j'ai défiré
que cet ouvrage fût caractérifé. Quand
on ofe écrire pour la liberté & pour l'humanité, fous les yeux de la Patrie, &
d'un Gouvernement bienfaifant ; il faut
tâcher de fe rendre digne de fa caufe &
de fes juges, au moins par fon application, par fon zèle & par la fermeté de
fon courage. La feule chofe qui pourrait
offenfer des Citoyens animés de l'amour
du bien public, ferait la faibleffe de
ceux qui, en craignant d'expofer leur
opinion, pourraient enlever à des gens
plus habiles & plus éclairés, l'occafion
de faifir & de développer des afpects
plus importants. J'efpere n'avoir jamais à me reprocher d'avoir ainfi nui
volontairement à la manifeftation des
vérités utiles, d'après lefquelles la
fageffe de l'Adminiftration veut toujours fe conduire ; & qu'elle a *befoin*

de faire connaître au Peuple, afin de lui inspirer à la fois une reconnaissance éclairée, une docilité raisonnée, un amour solide & constant pour ceux qui sont chargés de veiller péniblement au maintien de ses droits & aux moyens d'accroître son bonheur.

CHAPITRE II.

De la situation & des droits actuels de la Compagnie des Indes & de ses Créanciers.

S I le Gouvernement seul a joui jusqu'à présent du privilége exclusif du Commerce de l'Inde, & si l'on ne peut pas dire que ce privilége ait jamais appartenu réellement à d'autres ; ce qui ne lui a jamais appartenu, & ce qu'il est, sans doute, bien loin de vouloir s'approprier, est l'*argent* qui a été fourni par des *bailleurs de fonds* & des *prêteurs* de différents genres pour l'entreprise du commerce de l'Inde.

Les créanciers de ce commerce sont à présent de deux espèces. Les uns sont les actionnaires mêmes de la Compagnie, qui sont créanciers du Roi pour leur premier capital de *cent millions*, pour les *quatre-vingt millions* dont il les a *gratifiés* en 1747, à la place de *vingt* au plus qu'il leur devait alors, & pour environ *quatorze millions* à quoi se montent les *gratifications* par tonneau, &c. qui leur ont été promises par tous les Edits, & dont le fisc est en arriere avec eux depuis plusieurs années, & la valeur des effets qui leur appartenaient, & dont le Roi s'est mis en possession dans les Isles de France & de Bourbon. Tous ces fonds sont sacrés & assurés, autant que les autres dettes de l'Etat, puisque les actionnaires ont à cet égard l'engagement du Souverain.

Les autres Créanciers de ce commerce sont ceux qui de bonne foi ont prêté ou avancé leurs fonds à la Compagnie, ou qui lui ont fait crédit de quelque manière que ce soit. Il parait par les *états* que la Compagnie a présentés, qu'elle a encore de quoi faire honneur à ses dettes envers ces créanciers. Mais M. *l'Abbé* MORELLET semble avoir assez nettement

nettement prouvé que ces états font exagérés ; & l'on dit que les Députés de la *Compagnie*, chargés d'en faire d'autres avec une exactitude plus févere, ont trouvé un *deficit* fi confidérable, qu'ils font encore demeurés au-deffous des évaluations de M. *l'Abbé* MOREL-LET.

De cette pofition il nous parait réfulter évidemment *trois* chofes. L'une que la *Compagnie des Indes* a le *droit* & le *devoir* d'employer toutes les reffources, que lui laiffent fa fituation & la loi qui établit la liberté du commerce de l'Inde, pour fe mettre en état de payer fes créanciers. L'autre que le Gouvernement, qui d'ailleurs a principalement influé fur l'adminiftration de cette Compagnie, lui doit paternellement, & pour la fureté de fes Créanciers, toute la protection qu'il pourra lui donner, fans nuire aux *droits* de fes autres Sujets. La troifième, que fi la protection du Gou-

O

vernement & les éfforts de la Compagnie ne pouvaient pas lui faciliter les moyens de s'acquitter avec les créanciers, qui n'ont avancé leurs fonds que fur la confiance qu'ils avaient dans la folidité & la folidarité de fes actionnaires; la réfolution qu'ont prife ceux-ci de retirer *foixante millions* de leur commerce, pour s'affurer une rente, devient *caduque*; & que ce capital demeure équitablement hypothéqué au payement des fommes que la Compagnie fe trouverait redevoir.

Quant aux moyens dont cette Compagnie peut faire ufage pour tirer le meilleur parti poffible de fa fituation, & fe procurer des gains qui puiffent affurer d'autant le fort de fes Créanciers: c'eft à elle à les imaginer & à les combiner. C'eft à elle à voir s'il lui convient mieux de tout vendre, & de faire face aux dettes que la vente de tous fes effets ne pourrait pas folder, en prenant fur le capital de *foixante millions* qui demeure encore à fes actionnaires ; ou fi elle préfére d'engager ceux-ci à un *appel*, au moyen duquel ils pourraient continuer le commerce de l'Inde , en concurrence avec les autres Négociants du Royaume , comme il leur eft permis de le faire s'ils le peuvent, puifque l'*exclufif* feul de leur privilége demeure fufpendu ; ou fi elle aime mieux louer fes vaiffeaux & fes magafins aux Négociants qui voudront faire ce Commerce , & fe borner ainfi à l'entreprife des *coches maritimes* de l'Inde.

Ce dernier parti qui peut lui convenir davantage , femble pareillement propre à être auffi le plus avantageux aux Négociants qui feront tentés de ce commerce ; car il leur eft impoffible, fur-tout dans le moment préfent , d'avoir des vaiffeaux mieux *appareillés*, plus commodes, plus grands, plus folides, qui puiffent mener plus furement une plus grande quantité de marchandiſes, & par conſéquent dont le *frei* ſoit à meilleur marché. Cet arrangement, qui vraiſemblablement ſe fera tout ſeul, *pourvu qu'on ne le prohibe ni ne l'ordonne*, préſenterait encore l'avantage d'employer les matelots & les Officiers qui ont ſervi la Compagnie, & qui ſont expérimentés à la navigation des mers de l'Inde, ſur les vaiſſeaux mêmes qu'ils ſont accoutumés de monter, & dont ils connaiſſent déja toutes les bonnes & mauvaiſes qualités. Les habiles marins diſent que cet avantage eſt très conſidérable; que l'habitude de monter toujours les mêmes Officiers & les mêmes Matelots ſur le même vaiſſeau, aſſure beaucoup les ſuccès & la rapidité des manœuvres; & que c'eſt une des cauſes de la bonté de la marine de guerre des Anglais. Nous voyons dans l'Hiſtoire, que les Romains adoptaient tous les bons uſages des Peuples qu'ils pouvaient avoir à combattre. Mais il ne s'agit pas ici des Romains, ni de leur exemple. Nous avons prouvé dans bien des occasions , que nous savions comme eux le prendre de nos voisins , quand il est bon à suivre ; & c'est le moyen de le donner souvent à notre tour.

Revenons au Commerce de l'Inde. Les Ecrivains , qui ont été bien aises d'exercer leurs talens oratoires dans de belles déclamations , sur les hauts servi-ces & la grande utilité de la Compa-gnie *exclusive* , ont sur-tout remarqué savamment , que pour aller aux Indes *par mer* , elle employait beaucoup d'ex-cellents Officiers de Marine & de bons Matelots. Et ils ont voulu faire croire que ces braves & habiles gens reste-raient sans occupation si l'on donnait la liberté du Commerce de l'Inde. Ils au-raient pu songer cependant que ç'au-rait été précisément & seulement dans le cas où l'on aurait laissé à la *Compagnie*

O iij

des Indes son privilége exclusif, que sa Marine entiere serait inévitablement restée sans emploi; puisque cette *Compagnie* n'avait plus de fonds pour l'*employer*. Mais qu'au contraire, au moyen de la liberté, il y aura des Négociants qui enverront des vaisseaux aux Indes. Et qu'ils ne les feront pas aller *par terre*. Et conséquemment qu'ils auront le plus grand intérêt à donner la préférence la plus distinguée aux Marins exercés de longue main à ce pénible voyage. Or si, comme nous venons de l'observer, aucun *réglement* ne se mêle d'assurer ou d'ôter la préférence aux *vaisseaux* de la Compagnie, ils l'auront de même tout naturellement.

Nous disons qu'ils auront la préférence, pourvu que l'esprit *réglementaire* ne veuille pas la leur donner. En effet le moindre Réglement suffit pour effaroucher les Négociants & restraindre infiniment le Commerce. La raison en eft bien naturelle : les Négociants font des gens qui adminiftrent des fonds confidérables , dont fouvent la plus forte partie ne leur appartient pas. Il leur eft donc de la plus grande importance d'être circonfpects , ou du moins de ne fe fier qu'à eux-mêmes & aux précautions que leur fuggere leur intérêt pour le fuccès de leurs opérations. Dès qu'un Réglement leur annonce qu'ils ne feront pas les maîtres de difpofer à leur gré, & felon que les circonftances le leur indiqueront, ou des inftruments, ou des matieres, ou des agents de leur Commerce ; ils redoutent de s'engager dans une entreprife fur l'événement de laquelle ils ne peuvent plus avoir affez d'influence. Alors ces entreprifes n'ont pas lieu, & l'objet même du Réglement ne faurait être rempli.

Si l'on ordonnait donc aux Négocians qui voudraient faire le Commerce de l'Inde d'employer les vaiffeaux de la

O iv

Compagnie, ils craindraient qu'on ne leur donnât pas ces vaisseaux en assez bon état ; & que la Compagnie n'abusât de la portion de privilège exclusif qui lui resterait en cette partie. Personne ou presque personne ne voudrait tenter le Commerce à cette condition, & alors la Marine de la Compagnie demeurerait effectivement & nécessairement oisive. Au lieu que s'ils peuvent traiter avec elle librement, ils s'y porteront d'eux-mêmes.

Cette observation plus générale & plus importante qu'on ne croit, & que *les faits* n'ont jamais *démentie*, nous conduit d'elle-même au Chapitre suivant, dans lequel nous nous proposons d'examiner à fonds la restriction imposée à la liberté du Commerce de l'Inde, *à ce qu'il paraît*, en faveur de la Ville & du Port de l'Orient.

CHAPITRE III.

De la restriction qui oblige les Négociants Français qui essayeront le Commerce de l'Inde, de faire tous leurs retours au Port de l'Orient.

AVANT de discuter ce que cette restriction peut avoir d'avantageux ou de nuisible, il faut bien se rappeller en quoi elle consiste.

Les vaisseaux qui reviendront de l'Inde ne pourront relâcher dans aucun autre Port que celui de l'*Orient*, à moins qu'ils n'y soient contraints par la nécessité. S'ils sont ainsi forcés de relâcher dans un autre Port du Royaume, ils ne pourront y débarquer leurs marchandises; & il faudra qu'après un si long voyage, ils s'exposent une seconde fois à tous les hasards de la Mer, pour regagner le Port prescrit par l'Arrêt du Conseil. Si le mauvais état des vaiffeaux obligeoit de les décharger , il faudra que leur cargaifon foit dépofée dans un magafin *fous la garde des Commis des Fermes*, & que les Propriétaires déja fort à plaindre du délabrement, ou peut-être de la perte de leurs Navires, en faffent conftruire ou en *frettent* d'autres; ou dans le cas plus avantageux, qu'ils foient privés du débit pendant tout le tems qu'on employera à réparer les leurs, afin de les mettre à portée de recharger leurs marchandifes, de remettre leur fortune à la merci des vents & des flots , & de la conduire au Port de l'Orient fous *un acquit à caution*, qui malheureufement ne préferve ni des tempêtes; ni des écueils, ni des bas fonds , ni du feu, ni des Corfaires. Encore fi les Commis des Fermes pouvaient *garder réellement* & garantir les vaiffeaux dans une traverfée de Côte en Côte, plus dangereufe de beaucoup que celle de la pleine Mer! Il faut que les Négociants foient expofés à tous ces rifques, & à des dépenfes qui peuvent emporter le profit du voyage. Il eft poffible qu'ils ne puiffent avoir dans le Port de relâche de bâtiments prêts à remener leurs marchandifes à l'*Orient*, que dans une faifon trop avancée, pour qu'on puiffe tenir la Mer. Cependant il ne leur eft pas permis, même dans ce cas, de vendre leur cargaifon. Il faudra qu'elle dépériffe dans un magafin, fouvent peu convenable, *fous la garde des Commis*, & que les Marchands perdent une partie de la valeur, & au moins l'intérêt de leurs fonds pendant un an de plus. En fuppofant tous les événements les plus favorables qu'il foit poffible, les Négociants de Dunkerque, du Havre de Grace, de la Rochelle, de Bordeaux, de Bayonne, & fur-tout de Marfeille, feront privés du plaifir & de l'avantage de faire arriver à leur porte les marchandifes qu'ils voudraient tirer de l'Inde.

Ils feront obligés d'abandonner leur maifon & le foin de leurs affaires ordinaires & courantes pour fe tranfporter à grands frais à l'autre bout du Royaume, ou bien d'y confier leurs cargaifons, leurs effets, leurs marchandifes, des marchandifes très cheres, très faciles à gâter, très fragiles, aux Commis des Fermes, & à des Facteurs, à des Commiffionnaires, qui, fi loin de celui qui les emploie, peuvent être fort impunément infidéles, malhabiles, ou négligens. Les marchandifes de l'Inde, qui naturellement fe répartiraient dans tous les Ports qui environnent le Royaume afin d'être refpectivement plus proches des différents lieux où elles fe confomment, & d'y arriver à moins de frais, fe trouveront toujours entaffées dans un feul point de la Bretagne, d'où elles continueront à ne pouvoir parvenir dans nos Provinces méridionales, qu'avec des dépenfes énormes, qui font autant de furcharges ajoutées à ces marchandifes. Tout cela peut être en effet, de quelqu'utilité aux Habitants de l'*Orient*; mais par rapport au refte de la Nation, il faut convenir, cela eft bien févere.

Si nous étions dans un fiécle moins éclairé, & qu'on rapprochât ces difpofitions de celles qui réglent la maniere dont les cargaifons de marchandifes de l'Inde doivent être adminiftrées, même au Port de l'Orient; qui ordonnent, qu'elles y feront dépofées dans des magafins fermés de deux clefs, dont l'une demeurera entre les mains des *Commiffionnaires* des Armateurs, & l'autre dans celles des *Commis des Fermes*; qui prefcrivent de conduire & de déclarer d'abord à l'Orient les marchandifes mêmes qui feront deftinées pour le Port de Nantes, auquel on accorde cependant quelque faveur fur les autres Ports du Royaume; qui défendent de tranfporter du Port de *l'Orient* les marchandises déja prohibées, ni même les toiles peintes, toiles de coton, mousselines, mouchoirs & basins, à l'étranger ou au port de Nantes, autrement que par Mer ; on pourrait croire que deux vues très différentes ont concouru à faire établir la restriction dont nous nous proposons d'examiner ici les effets. On pourrait s'imaginer que des idées fiscales & *réglementaires*, que l'envie de rendre moins dispendieuse pour les Financiers la régie de l'impôt établi sur les retours de l'Inde, & celle de s'opposer plus facilement à cette espèce de Commerce, le plus profitable de tous pour une Nation, après le Commerce libre, & que l'on appelle la *contrebande* ; se sont jointes au désir paternel de favoriser la Ville de l'Orient, & d'empêcher ses Habitans d'éprouver, dans leur fortune, le dérangement qu'apporte toujours pour beaucoup de gens, un grand changement dans la place habituelle des dépenses & des consommations.

Mais les lumieres, & bien plus encore l'esprit de bienfaisance du Gouvernement, ne permettent pas de penser qu'il ait été animé par aucun autre motif, que celui de la compassion pour la situation où pourraient se trouver la plupart des Habitans de la Ville de l'*Orient*, qui sont accoutumés à vivre sur les frais du Commerce de l'Inde, si ces frais & ce commerce se partageoient entre différents Ports (36). Cependant comme

----

(36) Il est certain, comme nous venons de le remarquer, que toute transposition de dépense est funeste à plusieurs individus dans la société. Mais il faut bien distinguer le déplacement des dépenses qui est joint à leur diminution, de celui qui arrive sans qu'il y ait diminution, ou même par des causes qui assurent l'augmentation des dépenses. Ce dernier n'est pas redoutable en lui-même, & le premier l'est toujours beaucoup. Je vais donner un exemple de l'un & de l'autre.

Quand on fait la guerre, & que les revenus &

la suppression du privilége exclusif de
la *Compagnie des Indes* ne peut rien dimi-

---

quelquefois les capitaux de la Nation vont se con-
sumer en Flandre, en Allemagne, sur mer, dans
des Colonies lointaines, ils manquent aux dépenses ordinaires de l'intérieur, les travaux les plus
utiles se suspendent, & le plus grand nombre des
habitants du Royaume *pâtissent*, dans toute l'é-
tendue du terme. Une partie d'entr'eux se font
soldats pour suivre le cours des dépenses, & profiter encore un peu du reste des salaires diminués
& déplacés ; d'autres deviennent Entreprenneurs
ou Commis pour les fournitures des armées, ou
valets de ces Messieurs là. Mais ces ressources que
trouvent quelques particuliers, sont elles-mêmes
fort onéreuses & fort tristes pour tout le reste de
la Nation.

A la paix il y a beaucoup de gens qui se plai-
gnent. On réforme les Officiers & les Soldats ; les
Commis des vivres se trouvent sans emploi ; les
Entreprenneurs gagnent dix fois moins ; la plupart
de leurs valets cherchent condition. Le public n'a
pas grand-pitié d'eux, quoique leur situation soit
en effet affligeante. Cependant tout s'arrange, &
au bout de quelque tems on ne s'apperçoit plus

nuer

nuer de la maffe générale des dépenfes, ils trouveront, peut-être avec quelque défagrément paffager, de quoi fe retourner & fuppléer à l'occafion de travail qui pourra leur manquer. On doit les plaindre feulement de ce que l'on avait élevé une Compagnie avec un privilége exclufif, qu'il n'était ni poffible, ni raifonnable de laiffer fubfifter, & dont ils fe trouvent pour le moment les victimes très innocentes.

Mais ce qu'il ne faut pas oublier dans

---

que tant de gens ayent éprouvé un dérangement total dans leurs moyens de fubfiftance. Parceque leur défaftre ne provenait point, comme celui du Peuple pendant la guerre, d'une diminution réelle, mais feulement d'un déplacement dans la maffe des dépenfes & des fubfiftances; que chacun s'eft retourné pour chercher les dépenfes, les gains & les falaires où ils auraient dû toujours être, & où ils font revenus fe placer.

Il en fera de même des habitants de l'Orient, qui vivaient fur la dépenfe de la Compagnie des Indes.

P

le cas préfent, eft que la pofition fâcheufe des habitants de la Ville de l'Orient, ne vient point du tout de la fufpenfion du privilége exclufif de la *Compagnie des Indes*. Cette Compagnie ne pouvait plus continuer fon Commerce. C'eft fon impuiffance, même d'emprunter pour ce Commerce, qui a déterminé le Gouvernement à lui ôter le droit de prohiber, aux autres Négociants, les entreprifes qu'elle n'était plus en état de foutenir. Si l'on n'eut pas donné la liberté, le Commerce de l'Inde fe trouvait anéanti *ipfo facto*. Il n'eut procuré aucune efpece de falaire aux habitants de la Ville de l'*Orient*. Il eut fallu qu'ils changeaffent entièrement de métier, ou du moins qu'ils cherchaffent ailleurs à exercer le leur. La liberté, au contraire, qui reffufciterait ce Commerce au moins pour un tems ; qui leur permettrait d'y participer comme Entrepreneurs, & non pas fimplement comme falariés;

qui en amenerait au moins chez eux une partie en raison de la bonté de leur port & des chantiers, des vaisseaux, des magasins, de la Compagnie des Indes, qui peut devenir, comme nous l'avons dit, *l'entrepreneuse des Coches maritimes de l'Inde*, rendrait pour eux le choc moins violent, & le passage moins rapide.

Mais par les raisons mêmes que nous avons exposées dans le *Chapitre précédent*, le réglement qui voudrait pour cela leur donner un privilége exclusif au préjudice des autres ports du Royaume manquerait son objet ; car il ne servirait qu'à dégouter entierement les Négociants des autres Ports, de tenter le Commerce de l'Inde, & alors les habitants de l'*Orient* seroient notablement trompés dans leur calcul. Ils en ont déjà l'expérience, puisqu'il n'est parti cette année que cinq vaisseaux, au lieu de 12 que le Commerce de l'Inde exigerait. Si le privilége exclusif des retours demeu-

rait au port de l'Orient, il n'eſt pas vraiſemblable que ce nombre augmentât. Il
faudrait toujours que la plûpart de ſes
habitants allaſſent chercher des reſſources ailleurs, ou en trouvaſſent d'autres à
leur proximité.

Il eſt vraiſemblable qu'ils auront, au
moins pendant un tems, une part auſſi
forte dans le Commerce de l'Inde, ſi ce
privilége excluſif ne ſubſiſte pas, que
celle qu'il pourrait leur procurer. Ils
auront de plus la liberté, & l'occaſion,
& des motifs déterminants, de s'adon-
ner par eux-mêmes & directement à
quelqu'autre Commerce moins caſuel
& plus profitable; par exemple à la
pêche & à la ſalaiſon du poiſſon : eſpece de Commerce très ſolide & qui ne
connait preſque point de bornes, parcequ'il porte ſur un fonds *productif*, &
qu'il offre à la fois à l'eſpece humaine
les ſalaires & les ſubſiſtances. C'eſt ce
que ne font pas les Commerces qui por-

tent simplement sur les travaux *stériles* des Manufactures & des Artisans : car ils attirent bien des salaires , mais il faut que ces salaires soient *payés* par quelqu'un , & pour employer ces salaires , il faut encore retrancher sur la masse des subsistances qui viennent d'ailleurs. Au lieu que si le Pêcheur prend quelque chose sur les subsistances qu'ont fait naître le laboureur , le pâtre , & le vigneron , il donne en retour d'autres subsistances qui valent bien les leurs , & qui font vivre d'autres hommes. Il paye , il alimente , il entretient de son propre fonds les salariés qui le vêtissent , le logent , fabriquent les instruments de son métier , & les autres objets propres à sa jouissance ; & c'est - là un avantage bien noble , qu'il ne partage qu'avec les Propriétaires des terres & les Agriculteurs.

A ces ressources , les habitants de

P iij

l'*Orient* peuvent en joindre une autre, si le privilége exclusif qu'on vient de leur donner est révoqué, comme celui de la Compagnie des Indes. Leur Port est beau, sûr, commode; il ne manque pas d'eau; il est propre pour d'affez gros vaiffeaux; il a une belle corderie, une bonne machine à mâter; de vaftes magafins. Il peut donc aifément devenir, au foulagement de Breft, un Port de Roi pour la Marine militaire; & d'autant mieux que les efcadres armées dans ces deux Ports feraient au befoin très facilement & très promptement réunies.

Mais il n'y a pas moyen de fonger à faire un Port militaire de l'*Orient*, tant qu'il fera embarraffé par le retour *exclufif* des vaiffeaux & des marchandifes de l'Inde.

J'entre dans tous ces détails, parce-qu'en fouhaitant vivement la révocation du privilége exclufif donné au Port & à la Ville de l'*Orient*, il s'en faut bien ce-

pendant que je voie avec indifférence
les allarmes & la situation de leurs Habitans ; & qu'au contraire je ne puis
m'empêcher de chercher, avec intérêt,
les moyens qu'il serait possible d'employer pour calmer les premieres, &
rendre la seconde moins fâcheuse. A
Dieu ne plaise, qu'il m'arrive jamais de
regarder, d'un œil tranquille, la peine
d'aucun individu de mon espece ; disons
mieux, d'aucun être sensible : car tous
les êtres sensibles sont en cela même un
peu de notre espece. Comment seraient-
ils justes, les monstres qui ne seraient
pas compatissants ? Mais aussi, comment oseraient-ils être compatissants,
les lâches qui ne sauraient pas être
justes. La justice, elle-même, est une
compassion éclairée pour les humains
qui souffrent, quand on viole leurs
droits. L'injustice au contraire & l'in-
humanité seraient le partage involon-
taire de ceux dont la bonne intention,

trop concentrée fur un feul objet, fouhaiterait qu'on privât *la fociété* de l'ufage de fes *droits*, pour enrichir quelques uns de fes membres. La fcience de l'*Economie politique*, n'a prefque pas d'autre objet que de prévenir les occafions de ce malheur, en développant, autant qu'il eft poffible, les *droits* & les *devoirs* réciproques des hommes réunis en fociété. Si quelqu'un des falariés de la Ville & du Port de l'Orient fe plaignait de ma conclufion à leur égard, je ferais donc forcé de lui répondre que telle fenfibilité que puiffent & que doive infpirer la fituation où ils fe trouvent réduit par les conféquences d'un *privilége exclufif*, je n'y vois qu'une raifon de plus pour défirer qu'ils ne reftent pas en poffeffion d'un autre *privilége exclufif* qui les laifferait, à très peu de chofe près, dans le même embarras; & auquel d'ailleurs ils n'ont aucun *droit* de prétendre. C'eft à eux à profiter de tous les avantages que leur position & leurs facultés peuvent leur donner pour participer au Commerce du Royaume ; mais le Commerce & les autres Habitants du Royaume, ne sauraient, à aucun titre, leur être asservis en aucune partie, ni soumis à leur payer un tribut.

Or, ce serait un véritable tribut, de la nature des impots indirects, que tous les faux frais dont nous avons plus haut fait l'énumération, & auxquels les Négociants des divers Ports du Royaume seraient soumis, par l'obligation de faire, exclusivement au Port de l'Orient, tous les retours de leur Commerce des Indes. Cet impôt, comme tous les autres impôts indirects, couterait infiniment plus à ceux qui le payeraient, qu'à ceux pour lesquels il serait levé.

En effet, les dépenses dans les Ports de relâche, le frêt pour retourner de

ces Ports au Port privilégié, les frais
de magafinage dans des lieux où l'on
ne pourrait débiter & d'où il faudra
repartir fous *acquit à caution*, & les plus
grands frais de voiturage que les marchandifes de l'Inde auraient à fupporter
pour fe répandre dans le Royaume, en
partant *exclufivement* d'un feul Port,
ne feraient d'aucun profit aux Habitants
de celui de l'Orient. La perte de l'intérêt de l'argent pendant les retards;
celles des vaiffeaux, des marchandifes,
des hommes, qui périraient dans les
feconds & très inutiles voyages qui
fuivraient les relâches, feraient des
pertes abfolues dont perfonne au monde ne profiterait. Les Négociants feraient obligés, ou de fe ruiner, ou de
fe dédommager aux dépens de toutes
les claffes d'acheteurs de la Nation, de
toutes ces pertes & de toutes ces dépenfes, dont la plus petite partie feulement ferait au profit des Habitants du

Port & de là Ville de l'*Orient*.

S'il ne s'agissait donc que de faire subsister ces habitants aux frais de la Nation, il paraitrait plus court & beaucoup moins onéreux d'ajouter à la capitation, ou bien plutôt encore aux vingtiemes une somme suffisante pour leur fournir à chacun une pension. Personne cependant n'oserait proposer cet arrangement. Pourquoi? C'est qu'on sait très bien qu'il serait injuste de prendre l'argent des sujets du Roi, pour soûtenir à leurs dépens toute une Ville, sous le seul prétexte que cela serait utile à ses Habitants. Mais on ne sait pas tout-à-fait si bien que les priviléges exclusifs ne font précisément que la même chose, & qu'ils le font seulement avec une perte, peut-être *décuple*; peut-être *centuple*, mais très certainement excessive pour la Nation & pour l'humanité.

Avant de passer à un autre article, je crois devoir ajouter à celui-ci quelques réflexions tendantes à prévenir, non pas une *objection* des partifans des privilèges exclufifs ; mais un *procédé* qui leur eft très familier. Quand ils ne favent plus que répondre à un Auteur, ils fe mettent à l'inculper perfonnellement ; & cela eft en effet plus court & plus aifé. Ces Meffieurs reffemblent beaucoup à l'*Abbé Cotin* : quiconque les réfute

N'eftime point fon Roi ;
Et, felon *leur avis*, il n'a ni foi ni loi (37).

On les prendrait pour des *Chevaliers* aux ordres du Gouvernement, tant ils feignent de le défendre, lorfqu'on eft bien éloigné de l'attaquer, & quoiqu'il ne leur ait confié ni fa caufe, ni fes principes, ni fes vues, ni fes plans, ni fes motifs. S'ils étaient eux - mêmes plus éclairés, ils pourraient s'appercevoir que le Gouvernement l'eft beaucoup

---

(37) Boileau, *Satyre neuvieme*.

plus qu'eux ; qu'il a très nettement té-
moigné depuis quelques années par un
grand nombre d'opérations paternelles,
qu'il n'aime ni les prohibitions ni les priviléges exclufifs , & qu'il en connait les
inconvéniens ; qu'il s'eft notamment ex-
pliqué à ce fujet , dans fes décifions mêmes , au fujet de la *Compagnie des Indes.*
Ils en concluraient, avec moi, que l'attribution du privilege exclufif des retours
de l'Inde au Port de l'Orient n'eft qu'un
arrangement *provifoire* & paffager ,
pour rendre feulement moins fenfible &
moins rapide la révolution que les Habitans de la Ville de l'Orient auraient inévitablement éprouvée, fi l'on eût abandonné la *Compagnie des Indes* à fon impuiffance avec fon privilége exclufif.

Au furplus, je fupplie tous ceux à qui
ce Chapitre pourrait déplaire de remarquer que je ne fuis qu'un fimple Citoyen,
qui n'afpire en aucune maniere au *métier* de donneur d'avis , & qui en me

livrant à des recherches philofophiques
fur les vérités les plus utiles aux hommes réunis en fociété, fuis obligé de me
fixer *rigoureufement* aux réfultats que
nous indiquent les loix de la nature, &
la notion précife des *droits* & des *devoirs*
réciproques; fans pénétrer, fans juger,
fans louer, fans blâmer, les raifons particulieres qui, dans des circonftances
que peut-être j'ignore, peuvent déterminer les hommes d'Etat. C'eft à
ceux-ci qu'il appartient de décider,
quand nous differtons. Et ils ont trop
de lumieres pour interdire à perfonne
la liberté de *differter*, qui ne peut faire
tort à qui que ce foit, & qui fert beaucoup à manifefter la vérité, que tout le
monde a fi grand intérêt de connaître.

✳

CHAPITRE IV.

De l'Impôt établi fur les retours du Commerce de l'Inde.

Jusqu'à cette année la Nation a payé un impôt à la Compagnie, & par conféquent au Commerce des Indes, fous le titre de *gratifications par tonneau*, &c. &c. Selon la nouvelle Légiflation, il parait qu'au contraire, ce fera le Commerce des Indes qui payera à la Nation un impôt de *cinq* pour *cent* fur fes retours, & de *trois* pour *cent* fur ceux des Ifles de France & de Bourbon. Cet arrangement qui prouve combien on eft revenu des anciens préjugés, fur la néceffité prétendue de *favorifer* le Commerce de l'Inde aux dépens du Public, parait, au premier coup d'œil, fort avantageux & propre à foulager beaucoup la Nation. Ce ferait cependant la matiere d'un problème très curieux en économie politique, de favoir *s'il la foulage en effet.*

L'illuftre & favant FRANCKLIN, difait, très énergiquement, au *Parlement d'Angleterre,* que *les Marchands font entrer dans leurs factures, tous les impôts dont on croit les charger* (38). Matthieu *Deker,* obferve avec autant de juftefle, qu'ils *fe font rembourfer, outre l'impôt qu'ils ont avancé, l'intérêt des fonds qu'ils ont employés à faire cette avance, fur le même pied que celui des autres fonds qu'ils ont dans leur Commerce* (39) : c'eft-à-dire, au moins à *dix pour cent.* Si ces Principes, qui font aufli ceux des Economiftes français, font vrais, comme ils nous paraiffent incontestables ; il s'en fuivra, que la Nation fera forcée de payer à nos Négo-

_____

(38) Voyez le feptieme Volume des *Ephémérides du Citoyen* de l'année 1768, pages 50 & 51.
(39) Eflai fur les caufes du déclin du Commerce étranger de la *Grande Bretagne.*

ciant,

ciants, l'*impôt* qu'on aura exigé d'eux, & les frais de la levée de cet impôt, & au moins *dix pour cent en fus*. Il n'y aura donc là dedans aucun *foulagement* pour elle.

Mais les facultés que la Nation a de dépenfer & de payer des impôts font bornéès. Car en tout pays, les gens qui ont un revenu, ne fauraient dépenfer régulierement plus que ce revenu; & il eft encore plus difficile à ceux qui vivent de falaires, d'étendre leur dépenfe au-delà des limites de ces mêmes falaires. Si la Nation met donc une partie de fes dépenfes à payer des impôts, & de grands frais de levée, de procédures, d'amendes & de confifcations, & l'intérêt de ces frais & de ces impôts, aux Débitants des marchandifes de l'Inde, elle fera privée du pouvoir de faire d'autres dépenfes, très vraifemblablement plus profitables, & dont les conféquences auraient prêté matiere à d'autres im-

Q

pôts. Il se trouvera donc pour le Fisc, un *déficit* d'un côté , par l'effet même de la recette qu'il paraîtra faire de l'autre; & il demeurera en outre , chargé des dépenses de souveraineté , pour l'entretien & le maintien des établissements de l'Inde.

Il faut donc chercher ailleurs les avantages que le nouveau régime a sur l'ancien. Car il en a en effet , & de très considérables , comme nous le verrons dans le Chapitre suivant.

CHAPITRE V.

Des avantages réels que le régime actuel a sur l'ancien.

LE premier de ces avantages qui se présente à l'esprit, est que nos Négociants jouissants de quelque liberté, ayant entr'eux quelque concurrence à craindre, & étant d'ailleurs guidés par l'intérêt très éclairé que presque tous les hommes ont sur les affaires qui leur sont directement personnelles, mettront dans toutes leurs opérations une plus grande économie que ne pouvait faire la *Compagnie des Indes*, qui ne redoutait aucune concurrence, & qui spéculait sur l'argent d'autrui. Car on doit se rappeller qu'il a été prouvé que les *Actionnaires* de cette Compagnie n'étaient que de simples *bailleurs* de fonds.

Si le privilége exclusif du Port de l'Orient subsistait, il pourrait arriver,

& même il parait très sûr qu'il arriverait,
que cet avantage de la bonne économie
des Négociants, ou des Compagnies particulieres, ferait abforbé par les faux-
frais des ports de relâche, des voyages, des commiffions, &c. auxquels ce
privilége exclufif les affujettirait. Mais
je crois avoir montré que ce privilége
n'eft pas de nature à fubfifter. Et lorfqu'il fera révoqué, le commerce de l'Inde deviendra d'autant moins onéreux
pour la Nation, que l'intelligence, que
l'économie & fur tout que la concurrence des Négociants de nos Ports, nous
feront acheter les marchandifes de l'Inde à meilleur marché.

Un autre avantage qui me parait
plus confidérable encore, & qui aura
lieu dans l'un & dans l'autre cas, eft
que fi le Commerce de l'Inde réuffit
mal à nos Négociants, ils n'y mettront pas autant d'opiniâtreté, & n'al-
téreront jamais auffi prodigieufement

ment leurs *capitaux*, que la *Compagnie des Indes* a fait les siens. La raison de cet avantage semble, comme l'autre, être tirée de la nature des choses. Car lorsqu'un Commerce n'est pas profitable pour des Entrepreneurs libres, ils le quittent dès qu'ils s'en apperçoivent, & ils n'ont garde de s'y ruiner entierement. La conservation de leur fortune & l'amélioration de leurs *capitaux* leur sont trop précieuses pour cela. Mais une Compagnie nombreuse, publique, *exclusive*; qui ne subsiste que par une *faveur* du Gouvernement; qui s'attend naturellement & sans cesse a de nouvelles faveurs; & dans laquelle ses Administrateurs disposent de fonds immenses qui ne leur appartiennent point, ou qu'en très petite partie; va toujours, quoiqu'elle perde, jusqu'à ce qu'elle soit à l'extrêmité, & que *trompée & sans espérance*, elle voye enfin *son dernier écu fou-*

Q iij

pirer inutilement au fond de sa caisse (40). C'est ce qui est arrivé à la *Compagnie des Indes* ; & c'est, à mon avis, la principale raison pour laquelle les grandes Compagnies exclusives sont, (surtout pour des commerces onéreux en eux-mêmes à la société, comme celui que nous faisons dans l'Inde,) infiniment plus redoutables que les Négociants particuliers, qui pourraient en s'unissant par petites Compagnies, tenter les mêmes entreprises.

---

(40) PERSE, *Satyre II. v.* 50-51. Voyez l'épigraphe qui est à la tête de cet Ouvrage.

CHAPITRE VI.

Des désavantages que la nature du Commerce de l'Inde, laissera encore pour la Nation, à celui même qu'y exerceront nos Négociants.

Il PARAIT certainement incontestable que nos Négociants prendront de plus grands soins pour la conservation de leurs capitaux, que la Compagnie des Indes n'a fait pour les siens, & même qu'elle ne pouvait le faire. Mais il faut aussi remarquer une chose qui, au premier coup d'œil, semble être un avantage du nouveau régime, & qu'un examen plus approfondi peut faire cependant regarder comme un inconvénient.

C'est que nos Négociants particuliers pourront conserver leurs capitaux, &

même les accroître par les profits qu'ils
feront (41) dans beaucoup d'occasions
où la Compagnie des Indes perdait & devait perdre. La raison de ce fait est qu'ils
n'auront point à payer les dépenses de
guerre & de souveraineté , dont la *Compagnie* était chargée , que le commerce
de l'Inde nécessite , & que le Gouvernement vient de prendre sur lui. Mais comme le Gouvernement ne peut faire aucune dépense qu'avec l'argent de la Nation,
il s'ensuit que celle-ci se trouvera dans
le cas de payer deux fois les marchandises de l'Inde. D'abord par un impôt
levé sur ses contribuables; & puis par
ses achats aux Négociants qui les auront
apportées.

C'est sans doute dans la vue d'éviter
cet inconvénient, que le Gouvernement

---

(41) *Aux dépens de la Nation*, bien entendu;
car les Marchands qui fournissent la Nation, ne
peuvent jamais profiter autrement.

a établi l'impôt d'un vingtieme fur les retours de l'Inde, dont nous avons parlé plus haut. Mais, indépendamment de ce que cet impôt ne femble pas devoir fournir une fomme fuffifante pour les dépenfes que le Gouvernement a prifes fur lui en fe chargeant d'entretenir dans l'Inde les Comptoirs, les Forts, & la puiffance civile & militaire que ces établiffements exigent; je n'ai pu m'empêcher de voir dans mon avant dernier Chapitre, que par fa nature même, cet impôt couterait *beaucoup plus* à la Nation, qu'il ne rapporterait au fifc; & par conféquent qu'il ne ferait néceffaire pour l'objet auquel il ferait confacré.

Telle eft l'alternative à laquelle on fe trouve réduit par rapport au commerce de l'Inde; ou il faut laiffer faire les dépenfes de guerre & de fouveraineté qu'il entraine, par les Négociants mêmes qui en font chargés; ou il faut y fubvenir par le moyen d'un impôt, levé, foit dans l'Inde, foit en France, fur ce commerce; ou il faut en prendre les fonds dans la *caiffe publique*, qu'on appelle le *Tréfor royal*, & qui ne peut faire face à cette augmentation de dépenfes, que par une addition de pareille fomme à la maffe des impôts ordinaires. Dans les deux premiers cas, la Nation *paye* ces dépenfes, incomparablement plus qu'elles ne coutent & qu'elles ne valent. Dans le dernier cas, elles font *payées* par la Nation, fur un pied plus approchant de la valeur des fommes qu'elles exigent réellement. Mais auffi ces fommes fe trouvent fournies, pour la plus grande partie, par de *pauvres* contribuables, qui n'y ont aucun intérêt, qui ne confomment point de marchandifes de l'Inde, & par rapport auxquels il parait fort injufte & fort dur (42),

---

(42) Voyez plus haut dans la premiere partie, au *quatrieme* Chapitre, paragraphe *fecond*, p. 58.

de leur faire acquitter aucune portion de ces marchandifes, à la décharge des riches qui en font ufage.

On répond à cela » qu'il eft poffible » que nous faffions le commerce de » l'Inde, fans y avoir des établiffe- » ments; & que fi nous n'avions point » d'établiffements dans l'Inde, cela di- » minuerait beaucoup les dépenfes de » guerre & de fouveraineté ». Au pre- mier coup d'œil ce dernier fait fem- ble inconteftable. Le premier forme la matiere d'une *opinion* qui eft celle de M. l'*Abbé* MORELLET, & de quel- ques autres Citoyens très refpectables, pour la fageffe defquels j'ai la vénéra- tion la plus décidée. Mais j'ofe avouer cependant que ce n'eft pas la mienne. Dans ces cas particuliers, qui ne dé- pendent pas directement des principes, & qui par conféquent ne font pas fuf- ceptibles d'une *évidence* abfolue, il eft permis d'avoir une *opinion*.

S'il s'agissait seulement d'ouvrir le commerce de l'Inde , si aucune des Nations européennes n'y avait des établissements & une puissance , je conviendrais avec ces Messieurs, qu'il serait très inutile , & même très onéreux au commerce, de bâtir des Villes dans l'Inde & d'y avoir des Forteresses & des Soldats. Mais dès qu'une Nation européenne a fait la folie de vouloir jouer un rôle dans l'*Indoustan* & de *payer* par les dépenses énormes que ce rôle exige, une espèce de privilége exclusif pour ses Négociants ; il me semble impossible que les Négociants des autres Nations puissent avoir aucune certitude d'éviter les *avanies* , les *exactions* , les *embargos* que les intrigues de leurs freres européens établis dans l'Inde , ne manqueraient pas de leur susciter de toutes parts. Ces Négociants dénués de l'appareil d'une Puissance protectrice , resteraient à la merci des Nations brigandes

& des Princes avanturiers du Pays. Il ne paraît pas que ce foit là le moyen d'avoir aucune propriété affurée , ni par conféquent celui de pouvoir réuffir dans aucun commerce.

On a dit que » ces Princes protége- » raient eux-mêmes les Négociants de » toutes Nations qui viendraient acheter » les marchandifes de leur Pays , par- » cequ'en effet leur intérêt ferait de les » protéger ». Il eft très vrai que les hommes fe conduifent en général conformément à leur intérêt, quand ils font *éclairés* fur cet intérêt. Mais il n'y a pas encore, même en Europe , un feul Pays où l'on foit affez éclairé fur fes intérêts pour favoir qu'on doit protéger également tous les acheteurs des productions & des marchandifes du territoire. Et nous nous flatterions de trouver aux *Indes* , ce que les progrès de la philofophie & des lumieres fur l'économie politique n'ont pas encore pû établir dans

nos climats! Nous voyons la *Ruffie* donner prefqu'entierement le privilége exclufif de fon commerce aux *Anglais* ,
malgré les avantages *évidents* qu'elle aurait à traiter également bien toutes les
Nations qui faciliteraient le débit des
productions de fon vafte Empire ; & celui qu'elle trouverait à acheter de la
premiere main les objets de confommation que fon climat lui refufe. Et nous
penferions que les *Nababs* font plus
éclairés que les *Czars !* Les Princes
de l'Inde font des Defpotes arbitraires ;
& dans aucun pays, ce ne peut être que
par une efpece de miracle qu'un Def-
pote arbitraire foit éclairé fur fes propres intérêts. S'il y en avait un feul qui
le fut, il quitterait fon Trône, ou n'em-
ployerait fa puiffance *autocratique* qu'à
fe détruire elle-même, & à changer la
conftitution de fon Gouvernement.

Fonder actuellement la fécurité du
commerce de nos Négociants fur la pro-

tection des *Indiens* mêmes, c'eſt à peu près
la même choſe qu'établir celle des cara-
vannes de la Mecque ſur la protection des
Arabes du Déſert. Les Princes de l'Inde,
& les Chefs de ces milices vagabondes
qui infeſtent le pays, ſe laiſſeront encore entrainer pendant long-temps par
l'avidité du pillage des biens de ceux qui
ne leur ſembleront pas aſſez forts pour
ſe défendre & réſiſter à un coup de main ;
& ſéduire par les préſens, les ſollicita-
tions & les manœuvres des Marchands
qui ſe trouveront en force ſur les lieux. Ils
ne ſeront, dis-je, de bien long-tems
aſſez habiles & aſſez ſages pour refuſer
des priviléges excluſifs à ceux qui pa-
roîtront pouvoir les ſeconder dans leurs
guerres par le ſecours des Soldats, de
l'artillerie & des Ingénieurs de l'Europe,
à laquelle appartient ſans contredit,
dans l'Univers entier, la prééminence,
pour l'art atroce & malheureux de détruire ſavamment le genre humain.

Il me parait donc que nos Négociants ne pourront foutenir la concurrence des puiſſantes Compagnies d'Angleterre & de Hollande qu'*à la faveur* des
Etabliſſements que le Roi entretiendra
pour eux, & que ſa puiſſance rendra reſ-
pectables. Mais je crois avoir *évidemment*
démontré dans la premiere Partie de cet
écrit, que cela même, eſt un emploi très
fâcheux & très ruineux des capitaux &
de l'impôt de la Nation.

Au reſte, quand on accorderait la
poſſibilité de faire le commerce de l'Inde
concurremment avec les Compagnies
Anglaiſe & Hollandaiſe, ſans Etabliſſements, ſans Comptoirs, ſans Ports & ſans
Forts dans le Pays; il n'en réſulterait *rien*
pour le moment préſent, puiſque nous
avons aujourd'hui toutes ces choſes dans
l'Inde, & qu'il faut du moins proviſoire-
ment les y entretenir. Il n'en réſulterait
pas grand'choſe pour le futur; car quand
nous n'aurions plus ces Etabliſſements, la
Nation

Nation ne ferait pas difpenfée pour cela de protéger le commerce qu'elle ferait *immédiatement* dans l'Inde.

Ceci doit fe réfumer à une queftion. Ferons nous la guerre dans l'Inde, ou en Europe, à caufe qu'un Vaiffeau Français aura été *vexé* à la Côte *de Coromandel*, à l'inftigation de la Compagnie Anglaife ? Si nous ne fommes point d'humeur à la faire, il n'y a pas moyen que ce commerce fe foutienne. Si nous la faifons, nous aurons toujours une fource de querelles d'autant plus fréquentes & plus difpendieufes, que le défaut de Places & d'une Puiffance habituelle dans le Pays amenera plus d'occafions où le droit de nos Négociants pourra être violé, & que nous ferons moins à portée de tirer fecours du Pays même. Ainfi nous continuerons de facrifier des capitaux immenfes, & le plus pur fang d'un Peuple fidele, mais pauvre, pour acheter

R

trop cher les *mouchoirs* dont nous aurons besoin afin d'essuyer nos larmes.

Si pour prévenir par l'appareil de son pouvoir une partie de ces contestations funestes, le Roi conserve les Etablissements de l'Inde & les soutient d'une manière convenable à la dignité de la Nation ; alors les choses resteront comme elles sont. Et l'on peut voir dans notre première Partie qu'il ne nous en coutera guere habituellement que 60 *millions* de capitaux ; une privation de la *subsistance* de *deux cents mille Citoyens* ; un vuide de *trois millions* dans la recette ordinaire du *Trésor Royal* ; un anéantissement de *dix millions* du revenu des Possesseurs du produit net de la culture ; pour être bien fournis de marchandises de l'Inde par des vaisseaux portants pavillon français, dont les Armateurs seraient obligés en outre, & malgre eux-mêmes de nous vendre, sans y gagner beaucoup., ces marchandifes fur le pied du *double* de leur valeur. Le tout fans pré-judice des guerres que ce commerce entraînerait encore à fa fuite , & qui de tems-en-tems occafionneraient des per-tes fept ou huit fois plus confidérables.

Alors on ne pourrait pas dire que le commerce de l'Inde fut un commerce *libre*. Ce ferait , ce qui eft très différent , un commerce *favorifé* ; & *prodigieufement favorifé* , aux *dépens* de la Nation.

R ij

CHAPITRE VII.

Des faveurs *en matiere de* Commerce.

C'est un lieu commun de morale qu'en toutes chofes *le milieu* eft difficile à garder. Cette maxime n'eft vraie que parcequ'on n'eft pas affez éclairé. L'homme qui voit le but & fon chemin, ne fe détourne ni à droite ni à gauche. Celui qui ne voit pas eft forcé de s'égarer. Chez les Peuples ignorants on trouve quelques gens vertueux , & beaucoup qui ne le font pas. On y cherche l'homme jufte. On y voit la plûpart des commerces rançonnés & réglementés ; quelques autres excités & gratifiés : il n'y a point de commerce libre. Les Anglais mêmes n'en favent pas davantage ; ils s'éfforçent d'étendre leur commerce avec des primes, tandis qu'ils le gênent & le refferrent avec des Douanes :

femblables aux Bouchers qui fouflent & frappent à la fois les animaux qu'ils ont tués; mais cette méthode n'eft bonne que pour écorcher.

Quelque fages , quelqu'éclairés , quelque laborieux & quelque bien intentionnés que puiffent être les hommes chargés de l'adminiftration publique , ce font des hommes , & par conféquent des êtres qui ne peuvent pas tout favoir. Il eft phyfiquement impoffible qu'ils ne foient pas furchargés par le poids des affaires de vingt millions d'hommes. Comment donc éviter les méprifes les plus funeftes ? Comment faire pour ne pas ordonner & défendre à contre - tems ? Le moyen eft fort fimple : c'eft de ne jamais décider arbitrairement ; c'eft de ne vouloir que ce que la nature des chofes prefcrit , & ce qu'elle ferait toute feule ; c'eft de n'ordonner *rien*, que la paix, & la confervation des droits de propriété; c'eft de ne défendre *rien*, que le vol & la violence. Si l'on s'en tenait à cette régle, on s'épargnerait le travail , l'inquiétude , la fatigue d'une foule énorme de réglements ; qui, s'ils font bons , font inutiles, comme un ordre à la riviere de couler ; & s'ils font mauvais, font défaftreux , comme une digue qui barrerait le lit du fleuve & ferait inonder le territoire. Les Chefs des Empires n'auraient prefque plus qu'à jouir de la reconnaiffance & de l'amour du Peuple, qui vivrait & ferait fes affaires, & les leurs, à l'ombre de leur autorité ; & de l'eftime, de la vénération des Etats voifins, à qui l'activité de la Nation en impoferait , & qui participeraient par contre-coup aux avantages que la liberté répandrait fur elle. La tâche des Adminiftrateurs ne ferait plus au deffus des forces de l'homme. Ce ferait alors que le métier de gouverner le monde deviendrait bon ; & qu'on pour-

rait enfin dire, *Heureux comme un Roi.*
Ce qui, dans presque tous les Pays, a été
jusqu'à présent le plus faux des Pro-
verbes.

Au lieu de cela, on s'est persuadé,
dans la plus grande partie du monde connu, qu'il fallait que l'autorité mît directement la main à tout. On a surchargé ses
infortunés dépositaires de soins mul-
tipliés, qui n'ont aucun rapport avec
leurs fonctions naturelles & paternelles.
On leur a ravi le repos. Est-il étonnant,
qu'entrainés par l'opinion générale, &
trompés par leurs bonnes intentions, ils
en ayent à leur tour privé quelquefois les
autres. Quand on ne veut pas laisser aller
les choses dans leur ordre naturel, il est
moins facile de faire que d'empêcher.
Delà sont sorties toutes les prohibitions
qui ont affligé la terre. Le *Czar* PIERRE I.
a réglementé jusqu'aux barbes de ses
sujets. Presque nulle part aucun commerce n'est demeuré libre, pas même

à Paris, celui de r'aiguifer des couteaux dans les rues. Les prohibitions cependant ont manifefté leurs funeftes effets. L'état de gêne & d'inertie qui en réfulte, & les dangers de cet état pour toutes les parties d'un corps politique, ont fait impreffion à quelques têtes fupérieures, à quelques ames honnêtes, à quelques génies élevés. Ceux-ci ont penfé que loin de prohiber il fallait *exciter* ; & emportés par leur zèle, ils ont, en effet, effayé d'exciter arbitrairement toutes les entreprifes de commerce qui leur ont paru utiles : & fouvent fans fonder au-delà de cette apparence, & fans obferver fcrupuleufement fi une entreprife, pour qui la liberté & la franchife ne font pas un encouragement fuffifant, mérite qu'on lui en donne un autre. De-là font venues les primes, les gratifications, fi communes & fi confidérables en Angleterre, & qui honorent plus le patriotifme de la Nation que fes lumières. Delà auffi les dons ou les avances, accordées, dans d'autres Pays, par le Gouvernement à des Négociants, qui par cela même fe trouvent avoir une efpece de privilége. Delà *les Sociétés* contre-nature établies entre les Repréfentants des Corps politiques & des Voituriers, des Commerçants, des Fabriquants de toute efpece. Delà les dépenfes & les frais dont la Nation a pris le fardeau fur elle, à la décharge des agents de fon Commerce.

Ce n'eft pas là de la *liberté*, car un homme auquel on préfente des motifs propres à déterminer, n'eft pas entierement le maître de fe refufer à leur impulfion. Qu'eft-ce donc que cela ? ce font des *faveurs;* des *préférences*, des portions de *priviléges exclufifs*. Leur effet eft au moins de détourner les capitaux & le travail de la Nation, de leur emploi ordinaire pour les porter aux objets favorifés. Mais en fuppofant qu'il n'y eût

ni *faveurs* ni *privilèges exclusifs* attachés
à certains commerces, qu'est-ce qui dé-
terminerait l'emploi des capitaux & du
travail de la Nation ? Ce ferait évidemment le plus grand profit qu'en retireraient & les Travailleurs & les Propriétaires des capitaux. Les *faveurs* ne peuvent pas déterminer à d'autres travaux
plus avantageux ; car s'il y en avait de
plus avantageux, on le verrait fort
bien ; ou fi on ne le voyait pas, il fuffirait
de *montrer* bien clairement en quoi ils le
feraient : Et l'on s'y livrerait de préférence, fans qu'il fût befoin pour cela
d'autres faveurs que celles que la nature aurait attachées à ces travaux. Or,
ce ne font pas les chofes qui fe font
toutes feules, qu'on veut encourager ;
mais celles qui ne fe feraient pas fans le
fecours des *faveurs* ; c'eft-à-dire qui par
elles mêmes ne font pas *fi avantageufes*
que les autres qui peuvent s'en paffer.
C'eft-à-dire encore en d'autres termes,

que les *faveurs* ne font néceffaires que pour ce qui ne mérite pas d'être *favorifé*, & qu'elles fe font aux dépens de ce qui mériterait mieux de l'être.

» Quoi, » dira-t-on, » l'Etat ne doit » il rien, aux divers commerces que font » fes membres & les Négociants habi- » tués dans fes Ports? » Sans doute il leur doit. Mais c'eft à tous en général, & non pas à quelques-uns d'eux en par= ticulier. Mais c'eft *la juftice*, & non pas des *faveurs*; la *liberté* & non pas de l'*ar- gent*; toutes les facilités qu'il peut leur donner fans fe nuire, les chemins, les canaux, les Ports, la protection, qui peuvent être payés par l'impôt régulier & habituel, & en foutenant l'honneur & la puiffance de la Nation, & non pas des prêts, des gratifications, des dé- penfes lointaines qui néceffiteraient des impôts de fubvention, par lefquels les avances des travaux utiles feraient *fpo- liées*, l'ordre des confommations inter-

verti, la réproduction des richeffes &
des fubfiftances interrompue, une partie
plus ou moins grande de la population
vouée à la mifere, à la mendicité, à la
mort. Les impôts de fubvention font
des reffources extrêmes & paffageres de
leur nature, que l'on ne doit employer
dans un Etat bien policé, que lorfqu'il n'y a aucun autre moyen de fau-
ver la chofe publique, & qu'il faut néceffairement facrifier une partie pour
conferver le refte. Telle eft l'opération
d'un Propriétaire qui, lorfque le feu eft
à fa maifon, jette les meubles par la
fenêtre. Il peut avoir raifon de le faire
alors, pour en conferver quelques uns;
mais dans toute autre circonftance, il ne
pourrait pas imaginer d'occupation plus
ruineufe.

Si l'on applique ces principes au commerce de l'Inde, dont nous avons dé-
veloppé la nature, dans la premiere
Partie de cet Ecrit, on verra que, préci-

fément comme le plus onéreux de tous ceux auxquels on puiffe employer les capitaux, les hommes & les moyens de la Nation, il eft auffi celui qui exigerait de fa part les facrifices les plus énormes, & les fubventions les plus exceffives. Oh ! certainement il n'y a rien qui preffe, & *le feu n'eft pas à la maifon*, pour facrifier au moins *trois cents millions* de capitaux d'ici à la fin du fiécle, & priver la Patrie d'*un million* de Sujets, pendant le même efpace de tems, afin de nous faire acheter les marchandifes de l'Inde, au moins une fois plus cher qu'elles ne vallent ; comme nous avons reconnu que cela ferait, tant que nous voudrions en faire *immédiatement* le commerce.

Séduire les Négociants de la Nation en les engageant, par des *faveurs* qu'elle paye, à fe livrer au commerce immédiat de l'Inde, ce ne ferait donc pas laiffer ce commerce *libre.* Ce ferait *réglementer* ; ce ferait difpofer d'un bien précieux pour un objet frivole ; ce ferait *travailler* la Nation *en commerce,* comme on préten- dait autrefois qu'il fallait la *travailler en finance.*

CHAPITRE VIII.

Comment nous pourrions rendre le Commerce de l'Inde réellement libre & avantageux pour tout le monde. Conclusion de cet Ouvrage.

JE CROIS avoir prouvé que dans l'état actuel, nous ne pouvons faire le Commerce *immédiat* de l'Inde sans y avoir des Etablissements; que l'on ne peut y entretenir des Etablissements sans des dépenses excessivement onéreuses pour la nation, & sur-tout pour une partie de la Nation la plus utile, & qui ne peut y avoir aucune espece d'intérêt; & que nous serions toujours obligés en outre d'acheter les marchandises de l'Inde que nous apporteraient les Négociants, à un prix fort au-dessus, & au moins double de leur valeur. Cependant ces Etablisfements de l'Inde ont eux - mêmes une valeur qui pourrait fembler confidérable aux autres Puiffances, empreffées d'éviter la concurrence de nos Négociants ou des Compagnies Françaifes, & qui, par la ceffion que nous pourrions leur faire de nos Comptoirs, de nos Villes & de nos Forterefses dans le continent de l'Inde, gagneroient du moins la certitude d'éviter beaucoup de guerres, que les intrigues, la proximité & la rivalité des Marchands, plus ou moins exclufifs, des diverfes Nations ne peut manquer d'occafionner. Il parait donc qu'il ferait poffible de fe défaire avec avantage de ces Etabliffements, & d'en employer la valeur à payer une partie des dettes de la Compagnie des Indes. Mais nous avons d'autres Etabliffements qui ne font pas, à beaucoup près, autant dans le cas d'être matiere à querelle, attendu qu'ils font ifolés ; ce font les Isles de *France* &

de

de *Bourbon.* S'il fallait les soutenir comme ceux de l'Inde, aux dépens de l'impôt de la Nation, j'oserais croire qu'ils seraient onéreux comme ceux de l'Inde, & ne vaudraient pas plus qu'eux la peine d'être conservés. Mais il semble qu'il y a moyen de leur donner une solidité réelle, & de les mettre à portée de se soutenir par eux-mêmes, contre toute espece de Puissance, & de former deux Provinces florissantes.

Ce moyen n'est pas compliqué. Il ne s'agit que de donner à ces deux Colonies l'entiere liberté du Commerce ; & d'en faire, dans tous les tems & dans tous les cas, l'Auberge libre & franche de toutes les Nations.

M. DE LA BOURDONNAYE, & après lui M. l'*Abbé* MORELLET, ont très sagement pensé que ces deux Isles sont spécialement propres à servir d'entrepôt & de magasins aux Commerce de l'Inde. Mais si l'on bornait cet Entrepôt à l'usage des

ſeuls Marchands nationaux , me ſera-
t-il permis de dire que , je penſe qu'on
en manquerait l'objet principal. La Nation ſerait toujours obligée de faire les
avances de la proſpérité des Isles de
France & de *Bourbon* , & les débouchés que trouveraient ces Colonies ,
étant bornés aux fournitures néceſſaires
au Commerce de France ſeulement , les
progrès de cette proſpérité ne ſeraient
pas bien rapides. Elles demeureraient
expoſées à la jalouſie des autres Nations
qui voudraient ſe procurer cet entrepôt
ſi favorable , & qui pourraient tenter
de nous l'enlever de vive force ; ce qui
amenerait des guerres également diſ-
pendieuſes & funeſtes , & pour eux &
pour nous. S'il fallait encore être forcés
de nous livrer à ces guerres déſaſtreuſes,
ce n'aurait preſque pas été la peine d'a-
bandonner la Côte de Coromandel.
Mais dès que nous admettrions, indiſtinc-
tement & ſans en exiger aucun impôt ,

dans nos ports de l'Isle de France, les vaisseaux *Marchands* de toutes les Nations,
soit même que nous fussions, ou que
nous ne fussions pas en guerre avec elles;
il s'ensuivrait d'une part, qu'aucune Nation n'aurait le plus petit intérêt à nous
enlever nos Isles de *France* & de *Bour-*
bon; & de l'autre part, que ces deux
Isles deviendraient l'entrepôt naturel &
nécessaire de tout le Commerce de l'Europe avec l'Inde. Le débouché immense
que ce Commerce offrirait à leurs productions, & les profits de toute espece
qu'il attirerait sur les Habitants de ces
Isles, les éleverait bientôt au plus haut
degré de prospérité, & les mettrait
dans le cas de subvenir par un impôt
territorial, non-destructeur, à toutes les
dépenses nécessaires pour établir leur
sureté contre quelque Puissance que ce
fut, s'il en était d'assez déraisonnables
pour oser les attaquer.

Et cependant le Commerce de l'Inde

S ij

se ferait avec la plus grande économie. Des Vaisseaux montés principalement par ces Matelots Indiens qu'on appelle des *Lascards*, qui font de fort bons Matelots pour les mers de l'Inde & ceux du monde qui coutent le moins, rempliraient les magasins de l'Isle de France. Les navires Anglais, Hollandais, Danois, Suédois & peut-être même quelques Français iraient librement s'y charger & reviendraient dans la même année. L'europe entière serait fournie de marchandises de l'Inde, non-seulement pour la moitié, mais peut-être pour un quart du prix qu'elles y mettent aujourd'hui. Nous participerions doublement à cet avantage. Premierement par le bas prix auquel nous aurions aussi ces marchandises, par l'épargne de nos capitaux, par la diminution de nos dépenses, jointes à l'augmentation de nos jouissances en ce genre de consommation onéreuse, par les plus grandes facul-

tés qui nous refteraient de faire d'autres
dépenfes plus profitables. Secondement,
parceque les autres Nations Européennes ayant leur confommation de marchandifes de l'Inde fournie à beaucoup
moins de frais, il leur refterait auffi plus
de moyens d'étendre leur commerce
avec nous, ce qui ouvrirait de nouveaux
débouchés aux productions de notre territoire. Il eft certain que fi les jattes de
porcelaines coutaient les trois - quarts
moins aux Anglais, ils y mettraient plus
de vin de Champagne, & feraient encore moins économes de *punch*. Toutes
les fois que par l'effet du progrès des lumieres, ou par un concours heureux de
circonftances, il arrive qu'un commerce
ou une confommation ftérile fe fait à
moins de frais, cette économie tourne
néceffairement au profit des autres commerces, des autres confommations, des
autres emplois de capitaux & de travail.
Car il eft impoffible aux hommes de ne

pas faire ufage de leurs richeffes, & impoffible que l'ufage des richeffes ne s'é-
tende pas, par la diftribution des falaires
& par les échanges, fur tous les Peuples
qui commercent enfemble. C'eft pourquoi nous devons toujours être très fa-
tisfaits quand nous trouvons occafion,
fans nous appauvrir, d'enrichir les autres Nations. Indépendamment de ce que
plus de richeffes, en quelque lieu qu'elles
foient poffédées, font toujours un bien;
nous pouvons être affurés que les Peuples
des autres pays ne fauraient jouir de
leurs richeffes fans nous y donner part
directement ou indirectement, & nous
enrichir auffi à notre tour. Si l'on pouvait calculer avec févérité les conféquences de tous ces rapports des divers
commerces & des divers Etats de l'Europe, nous ne ferions point du tout furpris de voir qu'en derniere analyfe il fe
trouvât qu'après avoir vendu nos établiffements de l'Indouftan, & avoir

abandonné le commerce *immédiat* de cette partie du monde, nous euffions cependant notre fourniture en marchandifes des Indes *pour rien* : c'eft-à-dire, que les avantages qui réfulteraient de la franchife que nous aurions établie dans nos Ifles de *France* & de *Bourbon*, & de la liberté d'y commercer que nous aurions donnée à toute l'Europe, nous attiraffent des profits plus grands que la valeur totale des marchandifes de l'Inde que nous confommerions encore. Et outre cela le Roi aurait de plus fous fa domination deux Provinces heureufes & puiffantes, qui ne lui auraient couté qu'un mot, & la noble & fage volonté d'être utile à tous les autres Peuples du monde. C'eft fans doute ainfi qu'il convient aux Rois de France de traiter avec les Nations. Le bonheur qu'ils aiment à verfer fur leurs Sujets, ne doit être qu'un moyen de plus qui les conduife à faire celui de l'univers.

F I N.

S iv

TABLE
DES MATIERES.

P*RÉFACE*, pag. 3

PREMIERE PARTIE.

De la nature du Commerce de l'Inde.

CHAPITRE PREMIER, Objet particulier de cet Ecrit. Division du sujet. Idée générale des Chapitres suivants, 19

CHAP. II. Des avances que le Commerce de l'Inde exige, 22

§. PREMIER. Deux especes d'avances, *ibid.*

§. II. Eftimation des capitaux qu'exigent les diverses avances du Commerce de l'Inde, par la Nation Françaife, 24

§. III. A quoi se monterait le capital du même Commerce, fi la Nation le laiffait faire aux Négociants ou aux Compagnies des autres Nations, 27

§. IV. Ce qu'il y auroit à gagner pour nous sur la

diminution des Capitaux du Commerce de l'Inde, si nous en abandonnions l'exercice immédiat aux autres Nations,   *pag.* 28

§. V. Quel avantage nous trouverions à être difpenfés de fournir les Capitaux du Commerce de
l'Inde ,   29

§. VI. Conclufion de ce Chapitre ,   56

CHAP. III. Du débit de productions &
de marchandifes nationales que le
Commerce de l'Inde peut nous occafionner, felon que nous le ferions,
immédiatement ou médiatement, 38

§. PREMIER. Débit que procure le Commerce de
l'Inde, exécuté immédiatement ,   *ibid.*

§. II. Du débouché qu'offrirait le Commerce de
l'Inde à nos productions & à nos marchandifes,
fi nous ne le faifions pas immédiatement,   40

§. III. Avantages qui réfulteraient de l'augmentation de débit que le Commerce médiat de l'Inde
affurerait à nos productions & à nos marchandifes nationales,   42

§. IV. Réfumé de ce Chapitre & du précédent, 48

CHAP. IV. De la Paix & de la Guerre,
dans l'une & l'autre maniere d'exercer le Commerce de l'Inde ,   54

§. PREMIER. Que la guerre lointaine eft infépa-
rable du Commerce immédiat,   54

§. II. Que le Commerce de l'Inde doit nous faire
payer les frais des Guerres qu'il entraine, fous
peine d'être ruiné ou ruineux, ou plutôt l'un &
l'autre à la fois,   57

§. III. Que fi nous renoncions au Commerce immédiat de l'Inde, les guerres feraient beaucoup
plus rares & moins couteufes,   60

SECONDE PARTIE.

De la Compagnie des Indes.

CHAPITRE PREMIER. Du Commerce &
de la Compagnie des Indes, pendant
le fiecle dernier,   65

CHAP. II. De la formation de la Compagnie actuelle des Indes,   76

CHAP. III. Du fyftême de Law : de la
part qu'y eût, & du rôle qu'y joua
la Compagnie des Indes,   104

CHAP. IV. De ce qui eft arrivé à la Compagnie des Indes, depuis la chute du
Syftême de Law jufqu'à préfent, 165

TROISIEME PARTIE.

De la forme actuelle donnée au Commerce de l'Inde.

CHAPITRE PREMIER. Que la Compagnie des Indes, ni fes Actionnaires, n'ont aucun droit de fe plaindre de la fufpenfion de leurs priviléges exclufifs. Objets & divifions des Chapitres fuivants,   200

CHAP. II. De la fituation & des droits actuels de la Compagnie des Indes & de fes Créanciers,   207

CHAP. III. De la Reftriction qui oblige les Négociants Français qui effayeront le Commerce de l'Inde, de faire tous leurs retours au Port de l'Orienr,
                    217

CHAP. IV. De l'Impôt établi fur les retours du Commerce de l'Inde,   239

CHAP. V. Des avantages réels que le régime actuel a fur l'ancien,   243

CHAP. VI. Des désavantages que la nature du Commerce de l'Inde laissera encore pour la Nation, à celui même qu'y exerceront nos Négociants,   247

CHAP. VII. Des faveurs en matiere de Commerce,   260

CHAP. VIII. Comment nous pourrions rendre le Commerce de l'Inde réellement libre & avantageux à tout le monde. Conclusion de cet Ouvrage,   271

AVIS DES LIBRAIRES.

LA premiere Edition de ce Traité a été publiée dans les *Ephémérides du Citoyen ou Bibliothéque raisonnée des Sciences morales & politiques;* dans les Tomes *huitieme, dixieme* & *onzieme* de l'année de 1769. Les *Ephémérides du Citoyen* sont un Ouvrage périodique qui a été commencé en Janvier 1767, sous l'épigraphe :

Quid pulchrum, quid turpe, quid utile, quid non. Hor.

par M. l'*Abbé* BAUDEAU, *de l'Académie des Sciences & Belles-Lettres de Bordeaux,* & continué depuis le mois de Mai 1768, par M. Du Pont, de *l'Académie des Belles-Lettres de Caen, des Sociétés Royales d'Agriculture de Soissons , d'Orléans & de Limoges, & Correspondant de la Société d'Emulation de Londres.* Les Citoyens les plus respectables, les Philosophes les plus éclairés, & les Auteurs économiques les plus estimés, veulent bien contribuer à *ce Recueil*, & l'enrichir de leurs travaux journaliers. Il en paroît tous les ans douze Volumes de *neuf feuilles* au moins, ou environ 216 pages d'impression chacun, & qui sont régulièrement composés de trois Parties; dont la premiere comprend des *Pieces détachées* sur la Morale & sur les diverses branches de l'Economie politique ; la seconde renferme la *Critique raisonnée* des Ouvrages nouveaux nationaux ou étrangers qui traitent de ces sciences, ou qui y ont quelque rapport; la troisieme offre l'*Histoire philosophique des Evénemens publics* qui peuvent influer sur le bonheur du genre humain, & des *Traits d'humanité*, *de bienfaisance* ou *de sage économie*, dont l'exemple est bon à répandre. On ne s'y propose point de redresser l'industrie des Laboureurs, des Commerçans, ou des Artistes : entreprise presque toujours ridicule & infructueuse, puisqu'en général, ils se conduisent d'eux-mêmes le mieux qu'il soit possible dans les circonstances données. Mais on ne renonce pas non plus à leur communiquer des *faits* propres

à les intéresser, & dont ils pourront souvent tirer
des conséquences avantageuses. On s'attache à in-
diquer les moyens qui pourroient amener des circonftances plus favorables pour eux ; & faciliter
par-là le fuccès de leurs travaux. On s'applique à
développer dans tous les cas les *droits*, les *devoirs*
& les *intérêts* de toutes les claffes d'hommes , &
à difcuter les *caufes publiques & particulieres* de la
profpérité & de la *décadence* des Sociétés. Il ne
faut pas croire que ces difcuffions foient des traités métaphyfiques au-deffus de la portée du commun des Lecteurs. L'objet qu'on envifage, en s'y
livrant , eft de promulguer les connoiffances qui
peuvent fervir au bonheur particulier de chacun,
comme au bien général. Il feroit manqué , s'il
falloit un grand effort d'efprit pour faifir les réfultats des principes qu'on y expofe, & qui doivent conduire *évidemment* tous les individus à
leur plus grand avantage poffible. Il s'agit dans
cet Ouvrage d'être utile à tous les états de la
fociété. Il n'y a pas une famille qui n'ait le
plus grand intérêt à connoître fes relations avec
les autres, les titres qu'elle tient de la nature,
l'étendue des propriétés & de la liberté que les
loix doivent lui garantir, & l'ufage qu'elle en
peut & qu'elle en doit faire pour fe procurer des
jouiffances, accroître fa fortune & améliorer fon
patrimoine fans ufurper fur le droit d'autrui, &

tout au contraire en contribuant au bien public &
au bonheur de ses semblables. Une Autorité bien-
faisante, & qui sait combien la liberté, même de
se tromper, peut hâter les progrès des lumieres
sur lesquelles se fondent les succès des bonnes intentions des Souverains & la félicité des Nations,
permet qu'on écrive cet Ouvrage avec cette liberté
sage & honnête, également éloignée de l'emportement & de la foiblesse, & qui est si nécessaire à
la manifestation des vérités utiles. C'est de ce Recueil qu'on a déja retiré, outre le *Traité du Commerce & de la Compagnie des Indes*, qu'on vient de
lire, l'*Exposition de la Loi naturelle*, les *Avis au
Peuple sur son premier besoin*, l'*Avis aux honnêtes
gens qui veulent bien faire*, & l'*Explication du Ta-
bleau Economique*, par M. l'*Abbé* BAUDEAU ; le
Précis de l'Ordre légal, par l'AMI DES HOMMES ;
le petit Traité *de l'Administration des Chemins*, les
*Réponses aux Objections sur la liberté du commerce
des grains*, par M. DU PONT ; & plusieurs autres
Ecrits que le Public a daigné regarder avec indulgence. Pour que les *Ephémérides du Citoyen* rem-
plissent complettement leur titre, & qu'elles puissent en effet servir de *Bibliotheque raisonnée des
Sciences morales & politiques*, l'Auteur a ajouté à
chacun des neuf premiers Volumes de l'année 1769,
deux ou trois feuilles de surplus, & il les a consa-
crées à donner la *Notice abrégée* de tous les bons

Ouvrages qui ont été publiés en France sur l'*Econo-mie politique*, depuis qu'on s'y applique à l'étude de cette Science. Il a indiqué ou réfumé dans cette *Notice* environ *deux cents cinquante* Ecrits intéref-fants. Il donnera dans la fuite une *Notice* pareille de tous ceux du même genre que nous devons aux Etrangers. Ces Notices des Ouvrages anciens étant une addition gratuite, par forme d'Avertiffement à la tête de chaque Volume des Ephémérides du Citoyen, n'empêchent point qu'on ne rende comp-te à l'ordinaire, & d'une maniere plus étendue, dans la féconde Partie de ce *Recueil*, des Livres qui paroiffent journellement fur les matieres aux-quelles il eft confacré.

Le format eft *grand in-12*; le caractere & le pa-pier choifis avec foin, rendent l'édition très belle. On foufcrit pour les *Ephémérides du Citoyen*,

A PARIS, Chez DELALAIN, Libraire, rue & à côté de la Comédie-Françoife.
Chez LACOMBE, Libraire, au Bureau des Journaux, rue Chriftine.
Et chez M. DU PONT, qui en eft l'AUTEUR, rue Saint Jacques, vis-à-vis les Dames de la Vifitation de Sainte Marie.

Dans prefque toutes les Villes du Royaume, chez les principaux Libraires; & dans tous les endroits où il y a Bureau de Pofte, en remettant l'argent au Directeur de la Pofte avec une Lettre d'Avis: mais dans ce dernier cas, il eft plus pru-dent de s'adreffer directement à M. DU PONT, fur-tout fi l'on oublioit de payer le port.

Le prix de la Soufcription pour les 12 volumes, francs de Port, eft de *dix-huit francs* à Paris, & de *vingt-quatre livres* en Province.